日本的
语言和文化

[日] 铃木孝夫 著

张 厚 泉 译

华東理工大學出版社
EAST CHINA UNIVERSITY OF SCIENCE AND TECHNOLOGY PRESS

·上海·

图书在版编目（CIP）数据

日本的语言和文化 /（日）铃木孝夫著；张厚泉译
. — 上海：华东理工大学出版社，2023.12
ISBN 978 - 7 - 5628 - 6686 - 2

Ⅰ.①日… Ⅱ.①铃… ②张… Ⅲ.①日语-语言学
-研究②文化研究-日本 Ⅳ.①H36②G131.3

中国国家版本馆 CIP 数据核字（2023）第 164997 号

KOTOBA TO BUNKA
by Takao Suzuki
@1973 by Takao Suzuki
Originally published in 1973 by Iwanami Shoten，Publishers，Tokyo.
This simplified Chinese edition published 2024
by East China University of Science and Technology Press，Shanghai
by arrangement with Iwanami Shoten，Publishers，Tokyo

著作权合同登记号："图字:09-2021-0229 号"

策划编辑 / 王一佼
责任编辑 / 周璐蓉
责任校对 / 金美玉
装帧设计 / 王　翔
出版发行 / 华东理工大学出版社有限公司
　　　　　　地址：上海市梅陇路 130 号,200237
　　　　　　电话：021 - 64250306
　　　　　　网址：www.ecustpress.cn
　　　　　　邮箱：zongbianban@ecustpress.cn
印　　刷 / 常熟市双乐彩印包装有限公司
开　　本 / 890mm×1240mm　1/32
印　　张 / 4.125
字　　数 / 123 千字
版　　次 / 2023 年 12 月第 1 版
印　　次 / 2023 年 12 月第 1 次
定　　价 / 40.00 元

前　言

　　文化一词有多层含义和多种用法。普通人往往会从某种特定意义出发，将这个词与文学、音乐、绘画等人类艺术活动联系起来理解。也有不少人会根据"文化国家""文化人""有文化情趣的生活"等表达，将文化理解为某种格调高雅之物。

　　但在这本书中，我所说的文化，是指某个人类族群所特有的，通过学习的形式由父母传承给孩子、由祖先传承给子孙的行为和思考方式上的固有模式（结构）。在现今的语言学和人类学领域，这样理解文化已经成为常识。比如日本人在说自己的时候，会用食指指着鼻尖。与此不同，很多西欧人会用大拇指戳自己的前胸。这两种不同的行为方式体现了文化的差异。也就是说，文化的概念，可以认为指的是从控制人之行为的各种原理中除去本能、天生的部分后，剩下的传承性强的、具有社会强制性（习惯）的部分。

　　其实，人类大部分的语言活动也符合上述文化的定义。

　　人刚降生时只会啼哭。但是随着成长，就开始会说话了。而具体使用什么语言、形成怎样的语言风格，则完全取决于他周围的人。

　　本书的目的在于尽可能用浅显易懂的语言来阐明语言就是一种文化，以及作为文化的语言与语言以外的文化是何等密切相关。

　　如今，语言问题越来越受到关注，关于语言的书籍，尤其是语言学专业书籍和解说书籍中不乏优秀的作品。但是，面向那些对语言问题感兴趣、想要深入了解语言的奥秘及结构的普通读者，能让他们在不知不觉中被语言的神奇和妙趣所折服的入门书却不多见。

　　我希望这本小书能成为这样一本语言研究的入门书。但要事先说明的是,我认为任何一个学术领域的入门书,都不可能仅仅是对已知的各种事实的罗列,并且也不应该是那样的。

　　入门书必须体现该学术领域特有的对事物的看法。而对事物的看法是一种动态的精神活动,因此,入门书与其作者对事物所持的固有看法是不可切分的。从这个意义上来说,我在这本书里毫不犹豫地用我独特的方法和具体例子,大胆地阐述了我个人对于语言的一些想法。因此,若能幸遇专业语言学者或者从事文化研究的人士翻阅本书,乞求方家不吝批评指正。

1973 年 4 月 10 日 ①

于庆应义塾大学语言文化研究所

作者

---

① 　本书日文原版出版于 1973 年 5 月 21 日,书中提到的一些相对时间可以参考此出版时间。——译者注(本书脚注均为译者注,不再一一标明)

目　录

一　语言的结构、文化的结构

共时性展开与历时性展开

说起来已经是好多年前的事了,我在东京结识了一位美国语言学家 T 先生。他原本是专门研究美洲原住民语言的,"二战"后曾经作为军人驻扎在日本。最近,他开始对日语的历史和方言产生兴趣,竟带着妻子和三个女儿搬到东京来了。他的妻子是意大利裔,在小学里当老师。

T 先生租了一栋传统的日式房子,榻榻米上放着棉坐垫,冬天靠暖桌和怀炉取暖,还把三个女儿送进了日本的学校念书,全家上下看起来完全适应了日本式的生活。

有一天,T 先生按照美国学者的习惯,邀请了许多语言学领域的朋友到家里做客。大家首先就着用墨鱼做的意大利风味下酒菜,品尝鸡尾酒,随后到另一个房间吃晚饭。入座后,桌上的肉菜和沙拉等映入眼帘,有趣的是白米饭是盛在日式大海碗里端上来的。

大家坐的是榻榻米,眼前放着的是白米饭,加之 T 先生一家过着日本式的生活,因此,在那一瞬间,我觉得这白米饭是就着菜肴一起吃的主食。这么想着,我拿起面前装有肉的盘子,正要递给邻座时,觉察到 T 夫人的脸上露出了一丝困惑。

我暗自思忖,会不会是自己搞错了? 于是问道:"这米饭是和肉一起吃呢,还是先吃米饭?"T 夫人笑着说:"请先吃米饭。"

我这才猛然意识到,这米饭在意大利菜中类似于通心粉、意大利面,相当于汤的部分。

果然,那是用油和调料加以调味做成的西式炒饭。

饮食受各种条件制约,是文化这一结构体的重要组成部分。无论哪个国家的饮食习惯,都有各种各样的限制和规则,诸如什么时候吃什么东西,怎么吃,什么东西不能吃。

类似这种如何吃某种食物或者禁止吃某种食物的显性规则,即便是外国人也比较容易理解。但是当发现与本国相同的食物出现在外国饮食中,但该食物与其他食物的关系与本国的情况不同时,即相同食物在饮食这个整体中,因文化不同而显示出不同的价值时,就会出现令人费解的问题。

白米饭在日本饮食中,可以从一顿饭的开始吃到结束。更确切地说,一味只吃米饭反而不行。从菜到饭,从饭到汤,如果不来回品味各种菜肴,就称不上有良好的修养。

因此,可以说在日本饮食里,米饭和其他食物是同时、并列的关系。从汤到酱菜,米饭可以与任何东西同吃。

但是,也有一些饮食文化具有历时性展开的特征,在吃饭时要按顺序享用一道道菜品。这种倾向在西方国家非常明显,意大利也不例外。在意大利饮食中,被称作浓菜汤①的面类、米饭类菜肴,是在上肉类等主菜之前吃的。

当我看到盛在大海碗里的白米饭,就想当然地认为菜是和米饭一起吃的。之所以产生这种误解,是因为我在其他饮食文化中发现了存在于日本饮食文化中的要素,然后根据它在自己文化结构中的

---

① 意大利风味菜肴。在大量蔬菜中放入意大利面、米等制成的汤。

定位，赋予了它日本式的价值。

构成文化单位的各个要素（事物或行为）并不是独立于其他要素单独成立的，而是在与其他各种要素相互吸引、排斥的对立过程中获得相对的价值。

在其他文化中发现了自己所属文化中的某些构成要素（例如某种食物），就立即将其判定为相同事物，这样的判断之所以是错误的，是因为在多数情况下，赋予该要素价值（意义）的整体结构是不同的。

文化的构成要素与共通的价值

普通人不会意识、察觉到其所属文化的这种结构。于是，通常人们会认为存在于其自身文化中的要素具有绝对的、无论何处都通用的价值。

这一点，对于正确理解语言这一文化的重要构成要素来说是极其重要的。我再举一个语言以外的例子吧。

日本人遇到朋友或熟人时，最普遍的打招呼方式就是鞠躬。但是，当日本人知道了西方人一般是握手而不是低头鞠躬后，就不管对方是谁，一律和他握手。也就是说，低头鞠躬的打招呼方式和握手被视为具有同等价值的行为。但是，实际上，并非所有日本人之间的日本式鞠躬打招呼，都可以用握手来代替。例如，我是男性，对方是女性的情况下，在有些国家的礼仪中，必须等对方先伸出手。不管对方是谁，都主动握手的话，有时甚至会引起不必要的误会。

从前文所述的两个例子可以看出，我们在有限的范围内接触不同文化的时候，很少能够把握统括各个文化构成要素的整体结构。多数情况下，往往倾向于将自己遇到的局部或特殊的例子推广为普遍情况。而且问题是，这种泛化必定是根据自己所处文化的结构来进行的。

如上所述,我们在学习外语时,也容易无意识地将本国语言的结构先投射到对象国语言上进行理解。因此,出现种种分歧也就不足为奇了。

如何理解"break"一词?

举一个极其简单的例子,让我们思考一下英语中的"break"这个动词吧。譬如,有个日本初中生,在学校通过"Who broke the window?"(窓ガラスを割ったのは誰ですか。/是谁砸坏了窗玻璃?)或者"He broke his leg."(あいつスキーで足を折った。/那家伙因为滑雪腿骨折了。)等例句,学习了"break"的用法。他心想:明白了,"break"就是"割る/打碎""折る/折断"的意思。

于是,在英语作文课上,他运用这些知识写作文,将"昨日大きな西瓜を包丁で二つに割って、それから八つに切った。/昨天用菜刀将大西瓜一劈为二,然后切成了八块。"这件事写成了"I broke a big watermelon in two with a knife and……"他自以为写得很正确,但老师会纠正他:"这里使用'break'很奇怪,应该用'cut'。"他要是问:"但是老师,'break'不是'割る'的意思吗?"就会被训斥:"这要看具体情况,不能囫囵吞枣、死记硬背。"

他又根据"腕を折った。/手臂骨折了。"这一例句,将"break"应用于折纸、折痕等,老师就会说"这也是错的,这种场合应该用'fold'"。

接着,他在理科的课上学到,家里保险丝盒子里那个切断电源的电闸叫作"ブレーカー(breaker)",发现"break"还有"切る/切断"的用法。于是,到了英语课上,他将"釘に洋服をひっかけて切ってしまった。/衣服被钉子钩住,划开了一道口子。"说成"I broke my coat……",又被老师纠正说这里要用"tear"。

学生终于忍受不了了,生气地说:"老师,英语真是乱七八糟,毫无规则和道理。"老师则会说:"语言与数学等不同,光靠道理是行不通的,学习时必须注意观察,发挥语感。"学生不能发挥天生的推理应用能力,从这个意义上来说,越是有点小聪明的学生,学起语言来反而越难。

这个例子也许会让你感到有点夸张,然而,这名初中生的烦恼,其实是一直困扰外语学习者的深层烦恼。即便是大学生写的英语作文,类似错误也不在少数,这绝非危言耸听。

那么为什么会出现这样的情况呢?那是因为词的意思和用法自有其结构,且因语言不同而不同,而教师却缺乏这方面的认识。

词的结构性与词典的记述

传统的外语教学法不考虑词的整体结构,始终只关注适用于某一特定情况的要素与要素之间的对应(也就是说,采取"这个词,在这里是这么翻译"的方式)。这种教学法的典型代表就是词典。

例如"break"一词,只要翻开案头的英日词典就会发现,词典采取的是这种罗列方式:

①こわす/破坏,毁坏;②おる/折断,折叠;③やぶる/撕破,弄坏;④きる/切,断;……

越是体量大的词典,列举得就越多,甚至列举出 10 个、20 个在某种意义上与"break"相对应的日语动词。这样一来,学习者不知如何是好也是意料之中的。日语中的"割る/打碎""折る/折断"等词,只有一小部分用法与"break"相对应。因此,只用例句或实例举出两者相互对应的情况是不够的,也应该同时将两者不对应的情况列出来。不然就会像上文所述的握手和鞠躬那样,出现不恰当的泛化。但是,以往的任何词典都没有采取措施来避免这种误用。

　　针对某个特定的外语词,罗列出一串与之对应的日语词,确实可以扩大自由使用这个词的范围。但具有讽刺意味的是,这同时也不可避免地扩大了不当泛化的范围(图1的斜线部分)。

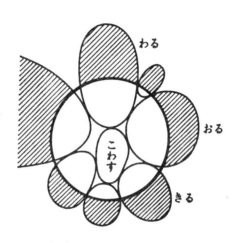

粗线圆为"break"的使用范围

细线圆为日语动词的使用范围

图 1

　　我想在此再次强调,造成这种僵局的原因,在于忽略了以下两点。

　　第一,任何一个词,在其所在的语言里,与其他词,尤其是与具有近缘类似关系的词,存在密切的相互对立关系。因此,必须从整体结构上把握这种关系。

　　第二,即便某一外语单词的用法,在某种情况下与本国语言中特定词的用法一致,也不能就此认为本国语言中该词的其他用法同样适用于这个外语单词。

　　之所以这么说,是因为一般而言,如果语言不同,那么单词所具有的结构也不同。

这与前面提到的例子是完全相同的：即使两种饮食文化中包含相同的特定要素，这一要素在整个饮食中的地位即价值是有差异的。

事实上，在过去二十多年里，尽管在表述上或多或少有差异，但"语言必须从结构上去把握"这一看法是诸多语言学者的基本共识。大家朝着几乎相同的方向，研究出了分析、记述语义和用法的方法。但遗憾的是，由于种种原因，这一方法几乎没有在实际的教学和词典的编纂中得到应用。

这个主要由欧洲及日本学者提出的方法，简单地说就是"要有效地理解某一个词的内容，就要发现并记述规定该词用法的充分必要条件"。

"のむ"与"drink"的结构比较

我们用生活中常见的例子来说明这个问题吧。

首先考察一下日语中的"のむ"（饮、吞、咽、吃等）这个动词到底是在怎样的条件下使用的。"のむ"这一行为的对象，我们首先想到的是水、酒、茶、咖啡这类液体。但是，服药也用"のむ"，而且服用的并不一定是药水，粉剂、片剂也用"のむ"。吸烟也说"のむ"，这里很显然吸的是烟气。

根据上述分析，首先我们可以说，"のむ"对行为对象的形态限制是极为宽松的。也就是说，液体、固体、气体中的任何一种形态都可以用"のむ"表达。

在此，我们也同样来考察一下与"のむ"对应的英语"drink"的使用条件。毫无疑问，能用"drink"的肯定有水、茶、咖啡、酒等。某些种类的汤也可以使用"drink"。固体食物当然不能用"drink"。另外，粉剂和片剂也不说"drink"。吸烟的"のむ"用"smoke"，而不是"drink"。

因此,首先可以知道"drink"只用于对象是液体的情况。但只是这一条,尚不构成充分条件。之所以这么说,是因为并非只要是液体,无论什么东西都可以用"drink"。比如服用液体的药,即药水,不说"drink",而说"take"。另外,一些液体并不是饮料,如打火机油、金属除锈剂等,这些家庭中用的液体很多都是有毒的,小孩子如果误饮的话可能会危及生命。在美国,这类液体的容器表面通常会有"fatal, if swallowed/误吞致命"的标识,而非"fatal, if drunk/误饮致命"。也就是说,如果不是普通饮料、药品或有毒物,即使是液体,也不使用"drink"一词。

根据以上观察,把英语"drink"的意思概括为"将有助于维持人体机能的液体通过口腔摄入体内的行为",就可以把"drink"的所有正确用法尽收囊中。同时,也体现了"drink"与"take""smoke""swallow"等同样表示"通过口腔摄取某种东西的行为"的动词群在结构上的差异。

与此相对,如果按照以往的词典解释,只是将与"drink"部分对应的日语"のむ""とる/服用""のみこむ/吞咽"等罗列出来,那么因为在日语里喝有毒物和药物都可以用"のむ",甚至幼儿误食别针、戒指也可以用"のみこむ",就极易引发将词的含义泛化的误用,也就是使用"drink"来表示这些行为。

即使用很多例句列举出了正确使用某个词的情况,那也是有限的,最终还是很难防止不恰当的泛化解释。

另外,如果按照上面分析的那样,从结构上理解"drink"的话,也可以更加具体地理解日语的"のむ"有着怎样的结构。"のむ"可以说是"将某物通过口腔不加咀嚼地摄入体内的行为"。

米饭一般是吃的东西,但是当鱼刺卡在喉咙里时,我们会说"御飯のかたまりを、かまずにのむとよい/吞个饭团就行,不要嚼",就是因为"のむ"和英语的"drink"不同,完全不限制摄取对象的形状和性质,相反,它关注的是将某物通过口腔摄入体内的方法。

"break"的结构性记述

现在我们回到前述"break"的话题。用明确词的使用条件的方法来分析这个动词的用法的话，"break"似乎首先可以认为是将某种外力突然施加于物体上，使之分为两个或两个以上的部分（为了方便解释，这里的考察仅限于具象的用法，但只要明白了这种用法，比喻性的用法最终也是立足于类似的观点之上的）。之所以使用"break"来表示折断树枝、砸碎玻璃、切断电流等，是因为在这些情况中，都是在原本统一的、连续存在的物体上突然施加外力，将其分割成两个或多个分离的部分。这就是为什么折断手臂或树枝时使用"break"，而折纸时用"fold"。

另一方面，日语的"折る"也表示用外力将某物分成两部分，这一点与"break"相同。但"折る"不要求因外力形成的两部分必须分离，这一点与"break"不同。树枝或骨头折断后分离成了两个部分，只是碰巧因为它们的材质没有韧性。正因为如此，可以说"針金をくの字に折る/将金属丝折成'く'字形""膝を折る/弯膝盖"等（英语用"bend"）。此外，英语里还有一个表示施加某种外力，使某物分为两个或两个以上部分这一意思的重要单词，那就是"cut"。"cut"这个词只能用于由具有锋利刀刃的工具造成的分割。因此，日语里的"強い風のために、電線が切れた/因为强风，电线断了"，英语用"break"，而不用"cut"。日本人在这种情况下，不知不觉就会说成"cut"，那是因为日语里的"切る"并不要求必须有锋利的刀刃介入。

因此，最终我们可以认为，"break"的词义是"突然施加刀刃以外的外力，将某物分为两个或两个以上的部分"。这么理解"break"的话，无论看到什么事情或什么行为，就都能自信地判断是否可以用英语的"break"了。

显性文化与隐性文化

一个国家的文化,对本国人民的生活和想法等方方面面起着决定性的作用。但对于那些生于斯长于斯的人们来说,它的存在如同空气一样,是很难意识到的。对于一般人来说,自己国家的所有事情都是理所当然的,不可能有除此之外的生活状态、行事之法。大部分人都是抱着这样的想法度过一生的。

当然,现今电视、报纸等信息手段发达,去国外旅行的人在增加,在街上看到外国人也不稀罕。在这样的时代,即使是普通人,也知道国家不同,则风俗习惯不同,人们的行为也会有所不同。

但是一般人注意到的所谓文化差异,大多只限于比较容易看到的具体现象。有些学者称之为"显性文化(overt culture)",是文化的一个侧面。

仍以用餐为例。在日本使用筷子,与此相对,在欧美则使用汤匙、刀叉。日本人虽喜欢吃生海胆和海参,但去了欧美,对方端出带血的肉肠和羊脑,就会受不了。另外,互相认为"外国人竟然吃得下那样的东西",这也和显性文化元素不同有关。

相对于这种显性文化,另外一种肉眼难以看见的,因此很难注意到的文化侧面被称为"隐性文化(covert culture)"。以餐具为例,现在日本人也已经习惯使用汤匙、叉子等,尤其是年轻人,甚至比筷子用得更熟练。

但是如果仔细观察的话就会发现,日本人的使用方法与西方人有微妙的不同。例如,日本人在用汤匙喝汤的时候,会以与脸平行的角度将汤匙拿到嘴边。于是必然是从汤匙的侧面来喝,而且是以吸入的方式将液体吸进嘴里的。这是沿袭了日本"吸物(日式高汤)"的传统。

西方人　　　　　日本人

图 2

　　但是，西方人喝汤的方式却是将汤匙以与脸几乎垂直的角度靠近脸庞，从汤匙的前端喝。喝的时候，不是吸入，而是倒入，因此汤匙前端会伸入口中。

　　除此之外，姿势、盘子和嘴巴之间的距离等也不同。仔细观察的话，会发现很多不同之处。

　　虽是完全相同的文化元素汤匙，但日本人与西方人在使用时，却存在着难以觉察的、结构上的差异。所谓文化，就是像这样，由当事人没有意识到的、无数细小的习惯构成的。注意到其中的隐性部分，是理解不同文化的关键，同时也是学习外语的重要意义之一。

　　近来，时常听闻这样的批评和指责：在学校学了好几年英语、法语，却一点都不会应用。其实，离开实际的生活场景学习，又是日本老师教的，会话不可能说得好，信件也不可能写得好，而且也没有那个必要。

　　与其如此，不如教学生理解语言是如何从不同的角度、用不同的方法去捕捉世界的，这样的教学更有意义，而且无论何地、无论何人都可以做到。只不过遗憾的是，在实际的外语教学中，这一点始终未被反思过。

It never rains but it pours.

接下来我们跳出词的范畴，来说明在理解外语时，本国的文化及语言所具有的隐性结构是如何产生干扰的。在日本的学校里，时常会学习一句英语谚语：It never rains but it pours.[1]直到几年前，我都认为这句谚语是"祸不单行"或者"灾难接踵而至"的意思，类似于日语中的"泣き面に蜂/哭脸遭蜂蜇，雪上加霜"和"ふんだり蹴ったり/又踢又踩，屡遭不幸"。之所以这么认为，是因为在日本出版的英日词典中，无论哪一本，都是如下大同小异的说明。

冨山房《大英日词典》（1951 年版）　①不是倾盆大雨的话就不下雨，如果下雨总是大雨。②坏事总是接踵而至。

研究社《英日大词典》（1953 年版）　（谚）如果下雨总是倾盆大雨（祸不单行）。

三省堂《最新简明英日词典》（1958 年版）　（谚）如果下雨总是倾盆大雨，祸不单行。

三省堂《新皇冠英语惯用句词典》（1966 年版）　如果下雨总是倾盆大雨（祸不单行）。

讲谈社《新世界英日词典》（1969 年版）　（谚）如果下雨总是倾盆大雨，祸不单行。

岩波书店《岩波英日大词典》（1970 年版）　如果下雨总是倾盆大雨，祸不单行。

如上所述，所有的词典都是先对英语的谚语进行直译式的解释，然后再说明谚语的意思。只有《研究社新英日大词典》（1928 年版）和《岩波英日词典》（1958 年新版）这两本词典，用日语的谚语"泣き面に蜂"与之对应，引人注目。

不过,我偶然用哈拉普出版社(Harrap)出版的《标准英法词典》这本平时不怎么使用的词典,查了一下这句谚语在法语里怎么说。结果令我大吃一惊,词典中竟写着如下说明。〔rain 词条〕

un malheur，un bonheur，ne vient jamais seul；jamais deux sans trois；quand on reçoit une visite，une lettre，on en reçoit dix. /不幸和好运绝对不会单独而至。有二必有三。一位客人来了,一封信来了,一下子就会有十个人(十封信)接踵而至。

此前,受日本很多词典的影响,我一直以为这句谚语只能用于表示祸不单行之意,没想到它竟然也可以用于形容"好运",着实让我吃了一惊。

于是,我赶紧查了英国牛津系列的词典,再次吃了一惊。

《牛津英语词典》(OED):各种大事(特别是不幸的事情)汇集在一起或接二连三地发生。〔pour 词条〕

《牛津英语词典(简编本)》:与 OED 相同。

《简明牛津英语词典》:各种大事,特别是不幸的事情总是一起到来。(1937 年第 3 版、1952 年第 4 版、1964 年第 5 版,均为〔pour 词条〕)

《牛津袖珍英语词典》:各种大事,特别是不幸的事情一起到来。(1934 年版〔pour 词条〕)

如上所示,虽然都写着"特别是不幸的事情",但并没有明确排除连续出现喜事、幸事的用法。说起牛津系列词典,是世界词典中的王者,尤其是 OED,对于英语研究者来说,是英语相关知识的最终依据。

难以想象,日本历代的词典编纂者们都没有参考以上四种词典中的任何一种。

我完全失去了冷静,既然这样,那么就再查阅一下另外一部受到公认的英国的词典《通用英语词典》。

> 各种事情、大事,从不会单独发生或到来,总是接二连三地一起出现。〔rain 词条〕

这里甚至没有区分不幸与好运,只是笼统地称之为"事情、大事"。

上述内容是我以前在某家语言教育研究所的机关杂志上发表过的内容,[2]这次再查了一下,发现了更有趣的事情。那就是唯有上面提到的《简明牛津英语词典》,不仅在 pour 词条中,还在 rain 词条中收录了这句谚语,而且说明稍有不同(第 3 版、第 4 版均如此)。

> 《简明牛津英语词典》:大事通常会接连发生。

也就是说,在牛津系列词典中,已经出现了完全不区分幸与不幸的解释。

我又顺便查了一些美国出版的词典,从韦伯系列的三种词典、《美国大学词典》、新的《兰登书屋词典》到《美国传统英语词典》,都没有收录这句谚语。我再次确认了一点:相比对词的解释,美国词典更注重对事物的解说。

这样看来,谚语"It never rains but it pours."并不是"祸不单行""雪上加霜"的意思,而与日语的"二度あることは三度/有二必有三"最为贴近,即与英语的"Never twice without three times."是同样的意思。

日本所有的词典对这句谚语的解释都失之偏颇,原因到底是什么呢？或许可以恶意猜测：日本某位初期的英日词典编纂者自以为是，误解了这句谚语的意思，之后的一代代词典编纂者都囫囵吞枣地接受了这个解释，直至现在。

但是，在某个地方，哪怕只有一个人，自己直接查阅了英国的词典的话，应该就会发现这个错误。很难想象没有一个人这么做。[3]

我认为，是日本人潜意识里对于雨，特别是倾盆大雨这个词的理解，将这句谚语的用法限定在了不好的方面。日语中也有像"旱天の慈雨/及时雨"这种关于雨的正面表达，但是"被雨淋了"，更不用说"遇上倾盆大雨"，给人的印象一般都是阴暗而令人讨厌的。是否可以认为，是日本人对被雨淋这件事的否定评价，造成了这个不可思议的误解呢？

A rolling stone gathers no moss.

顺便再举一个谚语的例子，可以说明我们无意识中将外国的词汇和表达放在本国的文化语境中来解释的倾向是何等强烈。

A rolling stone gathers no moss.

这句谚语的意思是"滚石不生苔"。《简明牛津英语词典》的解释是"一个人如果经常变换工作，就不会变得富有"。这句话训诫了与"铁杵磨成针"相反的行为。

但是，我知道在美国有人把这句谚语理解成完全相反的意思。[4]例如，我认识的一位年轻男子就告诉我："这句话的意思是 'If you keep moving，you will not get rusty'。"这种"如果坚持活动，就不会生锈"的解释，明确显示出新大陆的美国人对苔藓这种植物以及换工作这两者，持有与英国人不同的价值观。

很多美国人不喜欢古色古香的建筑之类的东西。他们不断地重新粉刷房子，经常改变房间的格局。"二战"结束后，很多日本房屋被美军强行征用，我多次听说屋中充满年代感的、发黑的原木柱子被涂上了油漆。我也知道有人用钢丝刷将满是青苔的庭院里的石灯笼刷得雪白的事例。因此，我深知美国人认为苔藓是肮脏的、令人讨厌的，是如金属锈斑似的东西，他们和传统世界的人有着不同的价值观。

而且在美国社会，频繁换工作，反而常常被认为是有利于个人发展的。社会流动性具有正向的价值。甚至可以说，能不断变动反而是有能力的表现。

因此，"滚石不生苔"在美国与英国的解释正好相反是有文化依据的。

注释：

1. 这句谚语还有另外的形式：It never rains but pours.

2. 鈴木孝夫「日本の外国語研究に欠けていたもの」『語学教育』第二九一号、語学教育研究所、1970 年。

3. 这句谚语用于好事连续发生时的用例如下：……As a matter of fact I went to Hurst Park. Backed two winners. It never rains but it pours! If your luck's in, it's in!……（A. Christie，*After the Funeral*）/其实我去了哈斯特赛马场，赌中了两匹冠军马。好运来了挡都挡不住，要是你走运，就会一直走运！（阿加莎·克里斯蒂《葬礼之后》）

4. 参照注释 2 的文献。

二　物与词

物与词的对应关系

想来，我们的生活被无数的物包围着。

我眼前的桌子上，杂乱无章地放着台灯、打字机、烟灰缸、书、信、稿纸、圆珠笔、橡皮擦、打火机、铅笔等物品。

拉开抽屉，里面塞满了小文具、图钉、剪刀、钥匙、订书机、小刀、成沓的名片等几十种物品。

仅是我身上穿的东西，从西服、毛衣、领带、衬衫、袜子，到眼镜、手表、腕带等，用十个手指也数不完。

照此思考就会发现，人类生产并使用的产品种类的涉及面之广，简直是无法估算的。

另外，自然界里有数万种鸟类和其他动物。据说昆虫也有几十万种，而且还有数量庞大的植物。而这些动植物都有其固定的名称。

有名称的不只是物。从物体的运动、人类的动作，到心理活动等微妙的事，各有其名。事物的性质，甚或事物与事物之间的关系，都有其适当的名称。

照此想一想世界上到底存在多少种物（事物或对象）、事（运动、性质、关系等），真叫人绝望。

而且,物与事的数量以及与其对应的词的数量,要多于方才所说的事物、性质的单纯的数量总和。

比如说汽车这一种类的物体,由约两万个零部件组成,每个零部件自然都有名称。至于喷气式飞机的零部件数量,据说比汽车要多一位数。更麻烦的是,制作每一个零部件的材料又由各种物质构成,而且它们都有名称。如此,分解得越来越细。

物与词就像这样相互对应,将人类限定在那细密的网眼里。有物即有名。"森罗万象,都有指称它们的词。"这就是我们朴素而真切的实际感受。

除了"有物就有名"的想法,还有很多人对另一个观点深信不疑:同样的物,如果国家不同语言相异的话,就会有完全不同的词来称呼它。狗这种动物,日语叫"イヌ",中文叫"狗",英语叫"dog",法语叫"chien",德语叫"Hund",俄语叫"собака",土耳其语叫"köpek",像这样,有各种各样的词来称呼它。

我们在学校学习外语的时候,或者翻词典查阅日语中的某个词在外语中怎么说的时候,依据的是这样一个大前提,也可以说是一种信念:同样的物,语言不同,则称呼不同。

有名才有物

然而,在需要细致专业地研究词与物的关系的哲学家和语言学家当中,有人对这样的前提抱有疑问。我也从语言学的角度,调查了各种各样的词与物的关系,也对相同的对象在各种语言中存在不同名称的问题进行了调查,我现在的想法如下。

那就是,并非首先有物的存在,然后人们像贴标签似的赋予它词,而是倒过来,词使物显示出其存在。

另外,都说如果语言不同,同样的物就会有不同的名称,但名称的不同并不是单纯的标签的不同。尽管程度有别，但不同的名称向我们显示出的是全然不同的物。

这第一个问题，即哲学中唯名论和唯实论的对立，是自古以来就被探讨的问题。我只是想单纯地从语言学的立场出发，阐述一下似乎唯名论的思考方式才正确把握了词的结构。

我的立场一言以蔽之，就是"创世纪始于神的话语"。

当然，虽说始于话语，但这并不是说在一片空茫的世界伊始，唯有词飘荡在各处。另外，说词使物显示出其存在，也不是说词像鸡生蛋那样将各种各样的物生产出来。词使物显示出其存在，是指我们能够将世界的片段识别为物体或性质，都是依靠词。如果没有词，我们就连狗和猫都无法区分。

如果说词是我们认识世界的线索，是唯一的窗口，那么，词的结构和组织不同，我们借此认识的对象当然也难免会有一定程度的变化。

之所以这么说，是因为就像下文将详细说明的那样，当我们将世界作为素材来整理和理解时，正是词这个装置决定了我们把认识的焦点放在哪个部分、哪些性质上。这里我用了词是人类认识世界的窗口这个比喻。如果窗户的大小、形状以及窗玻璃的颜色、折射率等不同的话，看到的世界的范围、性质自然也会不同。甚至即使某个地方存在某物，如果没有指称它的合适的词，人们也会对它视而不见。

词的分节性与虚构性

抽象的议论就暂且告一段落，以下来思考一些具体的词的实例。首先用桌子这一我们周围常见的物作为例子进行分析。桌子到底是什么呢？桌子该怎么定义呢？

桌子有木头做的，也有铁做的。夏天可以看到庭院里玻璃材质的桌子,在公园里甚至还有混凝土材质的桌子。桌腿的数量也各式各样。我现在使用的桌子没有腿,桌面嵌在墙壁上,是固定式的。我还见过一条腿的桌子,也见过开会时使用的那种有很多条腿的桌子。形状的话,既有常见的方形、圆形,也有在房间角落用于放置花瓶等的三角形桌子。至于高低,从日式房间里坐着使用的矮桌子,到搭配椅子使用的高桌子,各不相同。

这样一分析,我们就会发现,根据外形、材质、色彩、大小、桌腿数量等外在的具体特征来定义桌子几乎是不可能的。

那么,什么是桌子呢?只能说是"提供平面,使人能利用该平面做某事之物"。只不过,出于生活需要而必须确保在特定的地方始终有这种平面,外加把桌子作为商品生产时会受到各种限制,这两者决定了在某个特定时代的特定国家,桌子的形状、大小、材质等有一个大体的范围。

但是,人在其上做事的平面都是桌子吗?未必如此。例如置物架,和刚才提到的桌子的定义大致相同。家里的地板,从人在其上做事这一点来说也与桌子相同。因此,为了将桌子与置物架、地板区别开来,必须说"人在一定的时间内,坐着或者站着,在其上做事的、与地面有一定距离的平面"。

需要注意的是,在这个冗长的定义里,关于人的要素,即人使用该物的目的、物与人的相对位置等条件是很重要的。存在于人的外部的物所具有的诸多性质并不是决定桌子这个词表示何物的要因。

离开人的视角,例如在饲养于室内的猴子或狗看来,应该看不出某种置物架、桌子和椅子的区别吧。桌子之所以是桌子,完全是人所特有的观点,我们之所以认为那里有个被称为桌子的物存在,是因为语言的力量。

因此,语言的作用是从人类的观点出发,用对人类有意义的方式,赋予混沌、连续、没有断面的素材世界以虚构的分节,并将其进行分类。语言在本质上具有虚构性,将不断生成、时刻流动的世界,变成状似被整齐切分的物和事的集合,展示给世人。

人们常说"语言的魔术",从非具象的意义上来说,语言让人认为现实(energeia,希腊语)世界就是本质(ergon,希腊语)世界,在此意义上可以说语言是魔术,同时也是束缚人类的诅咒。

我们再回过头来考察具体的词。这次我们要思考的不是桌子这样的人工制品,而是存在于自然界中的事物。

语言的相对主义

英国著名小说家 D.H.劳伦斯有一篇短篇小说《序曲》,小说里描写了一位女士沏茶的场面。

......and catching up the blue enamelled teapot,〔she〕dropped into it a handful of tea from the caddy,and poured on the water. /她拿起那个蓝色的搪瓷茶壶,将一把茶叶从罐子倒入茶壶里,然后注入水。

对英国的生活习惯不太了解的人,也许会认为十里不同风、百里不同俗,原来在英国是用水沏茶的。又或者在学校学过热水的英语是"hot water"的人,可能会怀疑是不是漏掉了"water"前面的"hot"。然而,这两种解释都不正确。

英国人喜欢喝茶,这在世界上是出了名的。而且他们对沏茶的方式非常讲究,必须将水壶里的水完全煮沸,用滚烫的开水沏茶。更有甚者会说不要把水壶拿到茶壶边,而要将茶壶拿到水壶边。而且,事先用一杯开水预热茶壶也是常识。所以用常温的水沏茶是绝无可能的。

这在阿加莎·克里斯蒂的推理小说《黑麦奇案》中有栩栩如生的

描绘。

索莫斯是某事务所新雇的打字员,整天无精打采、邋里邋遢。下面是她因不会沏茶而受到老资格的打字员主管训斥的场面。

> The kettle was not quite boiling when Miss Somers poured the water on to the tea，…… Miss Griffith，the efficient head typist，…… said sharply：“Water not boiling again，Somers!” / 水壶里的水还没完全烧开,索莫斯小姐却倒水沏茶了……精干的打字员主管格里菲斯小姐……厉声说:“索莫斯,水又没烧开!”

从这两个例子可以看出,其实英语中没有相当于日语“湯/热水、开水”的词。“water”这一个词根据不同情况,既可以是“水”,也可以是“热水”。

当然,即便是英语,当需要与冷水明确区分时,也可以说“hot water”。但是,像这样必须特意加上“hot”,恰恰反映出“water”这个词原本在温度上是中立的。

与此相反,日语中的“水/冷水”具有相当明确的“冷”的性质。“熱い水”这种表达方式之所以听起来不自然,是因为这就像“四角形三角”一样,是矛盾的。

用 H_2O 这一化学式表示的物质,根据温度和形态不同,日语分别用“氷/冰”“水”“湯”这三个词来称呼,在英语里则是“ice”和“water”这两个词,而在马来语里,只使用“air”这一个词。表1展示了三者的对比。

表 1

	H_2O		
马来语	air		
英语	ice	water	
日语	氷	水	湯

在马来语中,想特别明确地表达开水的意思时,也可以说"air panas",有点类似于英语的"hot water"。另外,若想将冰与水明确地区别开,也可以说"air běku",即"凝固的水"之意,但只用"air"也没有问题。

这里列举的水这个词在三种语言里有不同含义的例子,经常被用来说明人类语言具有从某个特定的角度任意截取对象世界的构造。

如果一个人始终生活在一种语言里,那么物与词的关系就是不言自明的前提,很难对此产生怀疑。只有像这样通过与其他语言进行比较,才能理解即使是身边最普通的水、热水、冰之类的物,也依赖于日语这个特定的语言而存在,只是一种任意的区分。

词的分节性让世界有序

对日本人来说,水、热水、冰是各自独立的,也即不同的物。这是因为"水""湯""氷"这三个词相互之间区别明确、各自独立存在。我们将这种词的结构投影到了现象世界中。

水和热水的区别,谁都看得出只是温度的些许差异,两者只不过是相对意义上的对立。与之相比,冰和水(以及热水)虽然归根结底也是温度的差异,但毕竟存在着固体和液体之差这种比较明显的差异。因此，也许有人会说，两者的区别，不是单纯的词的问题，而是两种物具有足以证明它们不同的重要因素。

但是如果是那样的话，冰和冰柱的区别又怎么说呢？日语只不过是在一些特定的条件（产生的地方和形状）下，把普通的冰称为"つらら/冰柱"而已。在这里区别冰与冰柱的，只是根据不同的观察角度，对同一个对象起的"冰"和"冰柱"这两个不同的名称而已。因此，在土耳其，虽然确实存在冰柱这种物，却没有区别于"冰（buz）"的"冰柱"这个词，也就不足为奇了。

这么思考的话，冰与冰雹、霰、雪、雨夹雪等之间的区别也变得站不住脚了。气温上升的话，这些都会变成雨。再者，雨和霞、霭的差异也只不过是水滴粒子大小的问题，而且它们与云的差别也只是相对地面的距离不同而已。

素材相同的这些现象之所以会被赋予不同的名称，是因为这样能使人们的生活更加方便。这只是为了人的便利。

人类赋予物以名，只不过是承认此物有价值，值得将自己周围世界中的这个侧面与其他的侧面和片段分开来看待。

可以纳入化学式 H_2O 的同一物，在日语里有几十个不同的名称，从"冰""湯""水""ゆげ/水蒸气"，到"露/露""霜/霜""春雨/春雨""夕立/骤雨"等。虽然切实存在的物只有 H_2O，但不能因此就说除此之外的名称徒有虚名而没有实体，是没有对象支撑的虚构。

为什么这么说呢？因为即使是 H_2O，也只是人类从某个特定的角度对世界进行整理、理解的结果罢了，而绝不是最终的、确定的物。毫无疑问，H_2O 是氢原子和氧原子在某种条件下结合的产物，而氢原子和氧原子又可以看作由更加细小的要素组成的物质，如此不断反复。

用"H_2O"这个符号，也就是用科学的词来描述的对象，在虚构性这一点上，也和"つらら""五月雨/梅雨"没什么区别。人的精神作用于围绕着人类的森罗万象的世界，由此创造出的词，全都是由这种虚构性支撑的。

人类无法直接接触原始的素材世界。所谓素材世界,既可以说是混沌的,也可以说是无秩序的,其自身是一个无意义的世界。必须承认是词承担了这个角色:让世界有序,造就能够为人类掌控的物体、性质、运动等。

"lip"与"くちびる"

这本书不是哲学书,我也不是哲学家,所以还是将话题拉回到具体的语言事实上来吧。

在这一章的开头,我提到了汽车、飞机等人造物是由很多各有其名的零部件构成的。

由各有其名的部分构成,在这一点上,我们人类的身体也是如此。汽车有四个车轮、两扇车门、两个车头灯;人也一样,有两条腿、两只手,脸上有两只眼睛、一个鼻子。难以想象人体有哪个部位是没有名称的。的确,甚至连骨头上的小孔也被解剖学家赋予了名称。

因此,就像汽车这一物体是由各有其名的约两万个零部件组合而成的那样,人体也可以很容易地理解为几千个具有专有名称的部位的综合体。然而,两者之间却有很大的不同。

首先,构成汽车各部分的零部件都有明确的独立性,与其他零部件是明确区分开的,而人体各部位却是一个连续体。虽说脸上有眼睛、鼻子和嘴巴,但实际上它们的界线是不明确的。

谁都知道脸颊和下巴是不同的部分,但是如果被问到从哪里开始是下巴,从哪里开始是脸颊的话,谁也说不清楚。与脸颊和下巴相比,眼睛和嘴唇等似乎独立性强得多,但其实这也值得怀疑,只要稍加调查就一清二楚。

仍然举一个英语的例子吧。英国作家约翰·高尔斯华绥写过一篇名为《苹果树》的短篇小说,讲的是一个悲恋故事。作为难度适中的读物,这篇小说在日本经常被教科书收录,想必有许多读者读过。

这篇小说一开始,作者就对主人公之一的艾舍斯特的容貌做了如下描述。

Ashurst,rather like a bearded Schiller,grey in the wings,……with……bearded lips just open. /艾舍斯特,有点像留着胡子的席勒,两鬓斑白……留着胡子的双唇微微张开。

仔细一想,"留着胡子的嘴唇"是一种很奇怪的表达。日语里的"くちびる/嘴唇"指的是红色的部分。嘴唇上竟然长着胡子!再继续读下去,接着出现了女主人公梅根的脸。

Her face was short,her upper lip short,showing a glint of teeth. /她一张圆脸,上唇很短,牙齿隐约可见。

在日语里,嘴唇可以说厚或薄,但一般不说"短嘴唇"。很难想象这到底是怎样的嘴唇。

这两个"lip/唇"的例子显示出,英语的"lip"不仅指红色的部分,也可以指嘴巴周围相当大的区域。特别是"upper lip/上唇",多指日语里的"鼻の下/鼻下(人中)"的部分。所以,如果这部分短的话,自然就能看到牙齿。

我学英语已经三十多年了,也在美国和加拿大生活过几年。尽管如此,直到两三年前,我才发现英语的"lip"与日语的"くちびる"是不同的。这些信息自然在任何词典里都没有记载,而且在我直接询问的英语、英国文学的专家里,没有一个人知道这种区别。

但是,一旦注意到的话,各种各样的实例就一个接着一个出现了。重读以前读过的书,我也发现了这样的例子。萨洛扬曾写过"嘴唇上长着毛的五十来岁的小个子女人"(《十七岁》),阿加莎·克里斯蒂塑造的名侦探波洛"上唇长着粗疏的胡子"(《赫尔克里·波洛的丰功伟绩》)。概而言之,在英语里,长胡子的地方是"lip"。

我在一本语言学杂志上发表了上述内容的论文后,各方人士纷纷给我发来了他们发现的例子,德语、法语和意大利语里好像也有同样的例子。另外,拉丁文学专家藤井升先生还告诉我,在马提亚尔(Marcus Valerius Martialis)的诗中,有以下有趣的例子。

iam mihi nigrescunt tonsa sudaria barba

et queritur labris puncta puella meis.

(Mart. XI,xxxix,3—4)

诗的大意如下。被大家嘲笑"你还是个孩子"的年轻男子说:"我刮下的胡须,会让围在脖子上的布变得黢黑,亲吻女孩时,她会因为被我的嘴唇扎疼(因为长了胡须)而生气。"多亏这首诗,我们知道了古罗马人的胡子也是长在嘴唇上的。

词的层次与理解的层次

从英语的"lip"开始,我做了冗长的说明。我想表达的是以下四点:第一,即使是嘴唇这种每个人脸上都有的明确的部位,如果语言不同,该名称所表示的对象的范围也就不同;第二,有的语言中没有直接表示"鼻の下"的词;第三,尽管日语的"唇"与英语的"lip"含义有出入,但是许多英语专家至今都没有注意到这一点;第四,虽然没有注意到上述差别,但这似乎对理解谈话内容(事态)几乎没有影响。

第一点的意思是,"唇"是只有日本人才有的脸部部位,而"lip"是只有英语国家民众才有的脸部部位。因为英语的"lip"不等同于日语的"唇"，所以认为首先存在脱离语言的、作为物的嘴唇，然后我们再给它贴上日语"唇"、英语"lip"的标签，这样的想法就是不合理的。

第二点表明每一个身体部位并不是在所有语言里都被赋予了名称。

第三点告诉我们，在学习外语时，如果只是理解外语内容、用外语办事的话，无论是谁都可以学得相当好，但对词本身的细微差异，其实却没有正确理解。

最后一点说明我们读外语时，多数情况下，其实是在用日语思考。因为有话题和内容逻辑的帮助，能够用日语去建构理解，所以即使看到"bearded lips"，我们也不会理解为"长胡子的嘴唇"，而会理解为嘴巴周围有胡子。因此，自己写英语文章时，就不会用这样的表达方式，也不记得曾经见过这样的表达方式。

指示对象的模糊性

既然提到了脸，我想顺便考察一下眼睛和鼻子。前面提到过，即使不能确切说出"脸颊"和"下巴"指的是哪个部位，也不会有人说不清楚眼睛是哪个部位吧。

出人意料的是，实际上眼睛指哪个部位，还真说不太清楚。

为了说明这一点，下面我们以"砖"和"眼睛"这两个词为例，比较一下这两个词的五种用法。

（1）这块砖是方形的。　　（1）'他的眼睛是圆形的。

（2）这块砖是红色的。　　（2）'他的眼睛是蓝色的。

（3）这块砖很重。　　　　（3）'他的眼睛很大。

（4）这块砖很硬。　　　　（4）'他的眼睛很好。

（5）这块砖凹进去了。　　（5）'他的眼睛凹进去了。

左边的句子（1）到（5）描述了一块砖的各种性质，右边的句子

(1)'到(5)'对一个人的眼睛进行了各种描写。

左边的句子描写的是同一个对象（referent），在这些句子里，"砖"这个词与"砖"这个对象的关系是不变的。然而，右边的五个句子，虽然在形式上与左边完全相同，但其中出现的"眼睛"这个词，与其对应的对象的关系则完全不同。

(1)'中的"眼睛"是指上下眼睑形成的形状，而不是说眼球是圆的；(2)'中的"眼睛"是指虹膜；(3)'是指眼球露出眼睑的部分的大小；(4)'是指视力；(5)'不是眼球本身凹进去，而是指眼球和面部的相对位置。

说砖块凹进去了，是指砖块缺了或者掉了一部分，与周围其他部分相比凹进去了。红、重、硬、方形等也都是对砖块本身的描写。与此相比，"眼睛"这个词所指的对象却如此多变，令人大吃一惊。"眼睛"到底是指身体的哪个部位呢？

开头我们将人脸各部分的名称进行相互比较时，认为与"脸颊"和"太阳穴"相比，"眼睛"界线更明晰、独立性更强。但是，一旦将焦点对准眼睛，却发现眼睛所指之物也变得含糊不清了。

指示对象领域的龃龉

那么鼻子又是怎样的情况呢？虽然前面说过有些语言中没有表示"鼻の下"的词，但恐怕不存在没有鼻子这个词的语言吧。

但是关于鼻子，实际上也有几个问题。

第一，只有日本人拥有被称为"はな/鼻"的这个物。当然，这并不是说外国人没有日语"はな"这个词所指的脸部部位。

日语里说"大象的鼻子长"。对日本人来说，悬在大象脸上的物和长在人脸中央的物，都是"鼻"。也就是说，两者是同一个范畴中的不同成员。把两者都称为"鼻"，正是这个意思。

　　然而，在很多语言里，大象脸上的突起物与人脸上的突起物，并不是用相同的词来称呼的。例如，在英语里，大象的鼻子叫"trunk"，和树干的叫法相同。法语叫"trompe"，德语叫"Rüssel"，与人的鼻子"nez（法）"和"Nase（德）"是区别开的。有趣的是，土耳其语的"burun"和俄语的"нос"，都兼有人鼻子和鸟喙的意思。也就是说，无论是哪种语言，都有表示人脸中央突起物的词，但这个词所指的对象范围不尽相同。从这个意义上来说，日语"はな"这个词所指称的对象种类，是日语特有的。

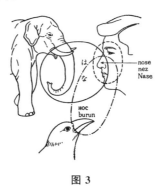

图 3

　　有关鼻子的下一个问题，是连形容鼻子的词，日语与外语也大不相同这一点。关于这个问题，我已经发表过相关论文，[1] 所以在这里就简单地提一下。像日语这样，用形容山的"高、低"来形容人的鼻子的语言是很少的。

　　在现代诸多的欧洲语言里，鼻子可以说大、小、长、短，但不会用形容山的词来形容鼻子（"high nose/高鼻子"这种表达方式至少在现代英语里一般不用）。土耳其语也是用长、短来形容。

　　日语里用长、短来形容鼻子，仅限于特殊场合，例如芥川龙之介的短篇小说《鼻子》，描写了一个长着丑陋鼻子的男人的烦恼。鼻子一般用高、低来形容，描写天狗的鼻子也说高，而不说长。

　　我研究这个问题，是因为日本文化对鼻子极度关注。此后我也发现了证实这个想法的语言事实。

在日本的小说里，开头主人公登场的部分，如果作者详细描写了人物脸部的话，一定会与眼睛、嘴巴、眉毛一起，描写鼻子长什么样。

但是在读英语小说的过程中，我发现即使作者细致描写了脸部，不知为何也很少提及鼻子。

例如，让我们再次请阿加莎·克里斯蒂的侦探波洛登场。

Hercule Poirot looked thoughtfully into the face of the man behind the big mahogany desk. He noted the generous brow，the mean mouth，the rapacious lines of the jaw，and the piercing visionary eyes.（Agetha Christie：*The Labors of Hercules*）/赫尔克里·波洛若有所思地看着那张红木大桌子后面的男人的脸。他注意到他宽厚的额头、刻薄的嘴巴、贪婪的下巴线条和锐利的目光。（阿加莎·克里斯蒂《赫尔克里·波洛的丰功伟绩》）

无论多细微的事情都不会放过的名侦探，仔细观察对方的脸，努力从额头、嘴巴、下巴的形状、眼神来读取对方的性格，但不知为何他却没有关注鼻子。日本的作者用这样的方式描写人脸时，会漏掉鼻子吗？

脸部的描写方式与文化的选择

当然，在欧洲的文学作品里，鼻子并不是从不出现。有名的例子是罗斯坦德的《大鼻子情圣》和果戈里的《鼻子》。但是两者都是因为鼻子太大、碍事又丑陋而成了问题。一般来说，在欧洲的小说里，提到人物的鼻子时，多是这样作为丑陋的缺点来描述的。看来在欧美人眼中，鼻子是给人猥亵下流（obscene）之感的部位。另外，作为区分人种的特征，也会提及鼻子的形状。例如：

She had…… the slightly flattened nose of the Slav.（A. Christie：*The Seven Dials Mystery*）/她有……斯拉夫人略微扁平的鼻子。（阿加莎·克里斯蒂《七面钟之谜》）

不仅欧洲有不太关心鼻子的倾向，土耳其也差不多。在一位名叫厄梅尔·赛菲丁的短篇小说家的作品中，有一则题为《人性与狗》的奇妙故事。从伊斯坦布尔上船的一位一等客舱的客人看到一位美丽的女乘客和一条狗一起坐在远离众人的地方，感到很纳闷。小说此处描写了女乘客的脸。

İnce，uzun ka lar，solgun ve asabî bir çehre，ciddî kadınlara hâs，meselâ muallime，rahibe gibi，bir hüsn-i lâtif，bir hüsn-i mahrun……Siyah gözleri altın bir gözlüğün camları arkasından daha parhıyor gibi görünüyordu. /细细长长的眉毛，苍白、神经质的脸庞，女教师或是尼姑那种认真的女人所特有的一种清爽、寂寞的美丽……黑色的眼睛透过金丝边眼镜的镜片显得更加明亮。

像这样描写了一大段，不要说鼻子，连嘴都没有出现。

再举一个土耳其语的例子吧。在同一位作家另一篇名为《丑陋的秘密》的短篇小说中，主人公是这么描绘绝世美人的脸的。

Bence İstanbulun en güzel kızı odur! Siyah，iri，parlak gözler……Gür siyah saçlar……Sonra inanılmaz derecede saf bir beyazlık! Mukaddes bir rüya beyazlığı! /在我看来，她是伊

斯坦布尔最美的女孩。又黑又大又明亮的眼睛……一头浓密的黑发……还有难以置信的、洁白无瑕的皮肤。纯净的、梦幻般的白。

这里也无视了鼻子和嘴。这两篇土耳其小说里出现的两位女性，因为有插画，所以可以看到她们穿着时髦的洋装，一头欧式发型。

当然也没有佩戴伊斯兰教信徒女性佩戴的面纱，所以鼻子和嘴是清晰可见的。

在土耳其，伊斯兰教虽然在大约半个世纪前失去了国教的地位，但是在各地，特别是地方上仍然有着很强的影响力。在伊斯兰教还是国教的时代，女性是禁止在近亲以外的男性面前露脸的。

在有这样一种风俗的国家里，女性的美自然只能从外面看得到的眼睛、眉毛、额头、额头周围皮肤的颜色以及头发这些有限的部分来判断。

不过，在任何文化中，选择哪些要素作为判断女性美的标准这点，具有很强的"隐性文化"特征，因此具有当事人意识不到的强制力。

土耳其作家在描写女性脸部的时候，不描写鼻子和嘴，体现的就是依然在传统框架内追求美的一种文化强制。人的眼睛并非公平无私的照相机，同样的物体并非在所有人看来都一样，其中必定有文化的选择。

西方人的下巴

在调查脸部描写方式的过程中，我又发现了另一件有趣的事情。那就是在英语小说中，非常关注人物的下巴。

She had pale blue，rather vacant-looking eyes，and *weak indeterminate* chin. She had a long upper lip.（A. Christie：*A Pocket Full of Rye*）/她有一双淡蓝色的、空洞的眼睛，还有一个孱弱、不坚定的下巴。她的上唇很长。（阿加莎·克里斯蒂《黑麦奇案》）（斜体为笔者添加，后同）

上面写到某位女性有一个孱弱、不坚定的下巴，我想日本人是不太会用这样的形容词来形容下巴的。于是我又收集了一些例子。例如："the *rapacious* lines of the jaw/贪婪的下巴线条"（阿加莎·克里斯蒂《赫尔克里·波洛的丰功伟绩》）、"She was a vigorous looking woman of sixty-odd，with iron-grey hair and a *determined* chin./她看上去六十多岁，精力充沛，有着一头铁灰色的头发和坚定的下巴。"（阿加莎·克里斯蒂《清洁女工之死》）。还有某位女性具有"the small square *fighting* chin/小巧的、方形的、好斗的下巴"（阿加莎·克里斯蒂《怪屋》）。另外还有诸如用"indecisive/优柔寡断的""pugnacious/好斗的"来形容"chin/下巴"，用"ruthless/无情的""aggressive/攻击性的"来描述"jaw/颌，下巴"的例子。

这些例子所使用的形容词的特征是这些形容词几乎都与拥有该下巴的主人公的性格有关。下巴被看作判断一个人有无生命力、高尚人品、意志力、决断力的部位。

与此相比，日本人对下巴的描写更具形态性和视觉性。如下巴中间凹陷、长下巴、方下巴、尖下巴、棱角分明的下巴、双下巴（这个词英语中也有），以及没有下巴，这些常见表达都是关于外表的。我们很少把下巴看作展现人物性格的部位。

德语学者岩崎英二郎先生告诉我，德语的下巴"Kinn"也会被形容为"stark/坚强的""brutal/残忍的""energisch/精力充沛的"等。法语学者松原秀一先生也对我说，法语里也有"mâchoire volontaire/显示意志的下巴"这样的表达。这样看来，将下巴与人物的性格和力量等联系起来，也许是欧洲文明中常见的倾向。

在思考这个问题的时候，我偶然翻开了多田道太郎的《日常举止中的日本文化》（『しぐさの日本文化』）这本随笔集，看到了以下内容。

欧洲人下巴向前突出，无意识地摆出攻击性姿势。否则，就无法在这艰难的世上生存下去。日本人则会缩下巴，或摆出低姿态。为什么日本人会缩下巴呢？有位在日本的法国人做过一个有趣的观察……

可以列举以下句子来支持这个观点。

Pennington's jaw hardened. He shot out his chin at them aggressively.（A. Christie：*Death on the Nile*）/彭宁顿的下颌收紧了。他充满攻击性地向他们抬起下巴。（阿加莎·克里斯蒂《尼罗河上的惨案》）

另外，美国有句俗语"Keep one's chin up/抬起下巴"，意思是"打起精神，不泄气"。

但是，在日语里，如果一个人"アゴを出す/抬起下巴"的话，是"身心俱疲"的意思。

说句跑题的话，在欧洲盛行的拳击运动中，选手要猛击对手的下巴，可能也与欧洲人认为下巴是人的生命所在这一文化观点有关。

他们平时打架时，也是动不动朝着对方的下巴就是一拳，而日本人则会打对方的头或是扇耳光。

话题有点跳跃，但归根结底我想说的是，即使是像人脸这样，无论什么人种、哪种文化的人，都无一例外拥有且最引人注目的部位，对其进行分节的词的结构也大不相同。而且，人们对同一部位的认识、赋予的价值也因文化不同而千差万别,因此会用性质完全不同的形容词来修饰同一部位。

思考了上面各种各样的问题就会发现,与其说人们用词来表示客观存在的物,不如说词是某种特殊的看法、对现实的切分方式的集合,让我们认为具有某种特征、性质的物体存在于那里。从语言学的角度来看,这种观点似乎更妥当。

注释:

1. 鈴木孝夫「天狗の鼻はナゼ高い」『言語生活』第一九一号、1967 年 8 月。

三 隐性标准

形容词的内容差异

在上一章里,我们主要以名词,即给事物起的名称为主,考察了词与物的关系。接下来,本章将就表示事物的性质和特征的词,即形容词的问题进行探讨。

通过对名词即物的名称进行各种调查后发现,一直以来被看作切实存在的实体的那些事物和对象,其实是由认识主体即人类根据需要创造出来的、非常主观的东西。形容词也同样如此。

比如,"远的国家、近的国家"这种说法,乍一看与"强大的国家、弱小的国家"这样的表达方式具有完全相同的语法形式,因此容易让人理解为两种说法都是在说明某个国家的性质和状态。但是,稍微思考一下就能明白,事实并非如此。

类似"远的""近的"这样的形容词,表示的只不过是某个对象和使用该词的人之间的距离关系。因此,即使是遥远的国家,如果一个人旅行去往那个国家的话,不知何时就变成近的国家了。但强大的国家,无论人与那个国家的距离是远还是近,强大的国家这一事实都不会变。认为"遥远且强大的国家"中包含的两个形容词,都说明了国家这个词的内容,是被同一语法形式迷惑产生的一种错觉。

另外,"稀罕的"这个形容词也具有不可思议的结构。

比如说,现在的盘子一般是方形或圆形的,三角形的盘子不怎么常见。于是,如果有好事者做了三角形盘子的话,就有可能会被认为"稀罕"而卖出高价。但是,很明显三角形这种性质本身并不是稀罕的性质。

为什么这么说呢？如果因为有人想要这种三角形的盘子,而生产了很多来卖的话,虽然盘子的性质本身没有发生丝毫变化,但是它立刻就变得不稀罕了。

由此可见,"稀罕的"这一性质并不存在于这个词所形容的事物或对象本体上。所谓"稀罕的",是指具备某种性质的事物极少,即同类很少。

但是,当我们听到"稀罕的红色小鸟"这样的表达时,会觉得这种鸟具有的一种性质是稀罕。

有许多形容词像这样包含着各种意想不到的内容,这本小书无法全部列举。下面略微展开介绍一些表示比较的形容词所具有的不太为人知的结构。

相对形容词与绝对形容词

无论哪个国家的语言,都有像"长的""短的""大的""小的""高的""低的"这样成对的、描写事物的各种维度的形容词［话虽如此,其实细究的话,法语里有表示"深"的"profond",却没有直接表示"浅"的词。另外,拉丁语中的"altus"这个形容词,既可以表示垂直向上的距离(相当于日语的"高"),也可以表示垂直向下的距离(相当于日语"深"的一部分含义)。所以"山高"和"树根扎得深"两者都是"altus",与日语存在差异。细说起来有很多麻烦的问题,这里不做深入探讨］。

那么,为什么要举出"长短"和"大小"这样的例子呢? 这类形容词乍一看好像是在描述某个特定对象的形状,但实际上却具有将该对象与其他对象进行隐性比较的结构,其中隐藏着各种各样有趣的问题。

例如,当听到"又大又红的苹果"这句话时,人们一般会认为"大"和"红"都是用来形容苹果的性质的。但是,通过下面的实验,我们就会立刻明白这两个形容词的结构是何等不同。

假设有个人不知道苹果这种水果。在这个人面前摆上几种不同种类的水果,其中之一是红苹果。为了便于说明,其他水果都选择不红的。现在,如果对这个人说:"这些水果里有个红苹果,是哪个呢?"他能够毫不犹豫地指出正确的水果。

接下来再问:"那么,这个苹果是大还是小呢?"结果会怎么样呢? 迄今为止不知道苹果是何物的人,面对第一次看到的苹果,肯定无法回答它是大还是小。

从这个实验结果可知,知道"红"这个形容词的意思的人,面对眼前的事物,即使没有关于该事物更详细的知识和信息,也能立刻判断出它是"红的"还是"不红的"。但如果要判断某个对象是不是"大的",实际上必须知道关于该对象的更多信息。

我们再假设同一个人没有见过大象。当他被带到动物园,看到大象的时候,他恐怕会惊讶地说"哇,好大啊!""怎么这么大啊!"尽管他之前从未见过大象,却能对第一次见到的大象使用"大"这个形容词。但面对第一次见到的苹果,却回答不了"是大还是小"这个问题。这究竟该如何解释呢?

仔细想想的话,我们通常所说的"大苹果",多指作为苹果属于大的那类,关注的是苹果这一特定的事物框架中的大小。换言之,我们根据生活经验知道普通苹果的大小,然后对照这个知识判断眼前的苹果是大还是小。因此,第一次看到苹果的人是无法判断其大小的。

然而,大象的情况又是怎样的呢? 同样是第一次看到,却可以毫不奇怪地在回家后对家人说："我看到了一头很大的大象。"其实,大象的情况可以这么解释:他将大象与之前见过的其他动物相比,得出眼前的动物非常之大的结论。也就是说,他所说的"很大的大象"不是"作为大象大",而是"作为动物大"。

从"大"这个形容词用来形容苹果和大象的两种不同用法可以知道,为了判断某物是不是"大的",我们需要某种标准。只有在参照某个标准的情况下,才能判断某物是大还是小。这类形容词在语言学中称为相对形容词。

与此相对,像"红"这样的形容词是绝对形容词的例子。在日语里,一旦知道了什么颜色叫作"红",那么不管眼前的对象是初次见到的还是早已知道的,都可以立刻判断它是不是红色的。[1] 邮筒①、消防车、夕阳、太阳旗,都能立刻说出它们是红色的。也就是说,"红色"这一性质可以说是扎根于物体(事物、对象)的,或者可以说是稳定的。与此相对,"长度""大小"这样的性质,是存在于物体之间的性质,并不是扎根于物体自身的性质。

隐性比较句与显性比较句

然而,说某种特定的事物是"长的(短的)"或者"大的(小的)",从词的表面形式来看,与"红的""圆的"等完全相同,因此不要说外行人,即使是语言学专家,一直以来也不太关注两者的区别。实际上在许多语法书里,两者都称为性质形容词,被归为一类。古典逻辑学中也是如此。但是以上说明已经充分显示出,我们说一个物体大或者长,是在无意识地把它与其他物体进行比较之后说的,在这个意义上,与说某物是"红的"的结构是不同的。

---

① 日本的邮筒是红色的。

那么，接下来我们就来考察一下，这个隐性的比较标准，即潜在的尺度，到底有哪些种类。

使用"大"或"长"时，如果是说"A 比 B 大"，或者从眼前的两个物体中拿起一个说"这个长"，那么谁都明白这是在比较两个物体。

但是，当我们看到大象说"好大啊"时，虽然其实已经采用了比较的形式，我们却很难明确意识到这点，原因就在于这种情况下，比较的标准并没有在语言上明确地显示出来。因此，类似"某个物体大（小）"或"某个物体长（短）"这样的句子，可以称为隐性比较句（covert comparative）。

与此相对，普通语法所说的"A 比 B 大"这类句子，我称之为显性比较句（overt comparative）。在这种类型的比较中，比较的尺度（measure）是 B，A 是被衡量的对象，称为标本（specimen）。

即便是显性比较句，也不一定在所有情况下都出现比较的尺度。在"富士山是日本最高的山"这个句子里，比较的尺度是"日本其他所有的山"，这个信息被省略了。但是，在"这个苹果大"这种类型的句子里，只能看到标本（苹果），而看不到比较的尺度。

一种是在任何人眼里都很明显，因而省略，不在表面上出现的尺度；另一种是使用者没有意识到的潜在尺度，需要区分这两者。

1　种类标准

最常用的隐性标准是种类标准。就像刚才苹果的例子中那样，在判断什么大、什么小的时候，在我们的脑海里会浮现出对象事物的一般平均大小，并以此为尺度，衡量眼前的具体标本。如果是鸡蛋大小的苹果的话，大部分人都会说小吧。如果在鉴评会上看到西瓜那么大的苹果，一定会说这个很大。这种判断当然不是绝对的。因人们的经验、知识范围不同，苹果的平均大小可能会有所不同。而且，人们没有意识到自己在进行一种隐性的比较。正因为如此，在讨论某个物体是大还是小的问题时，常常无法得出定论。

种类标准当然是每一个事物特有的，所以类似"无论多长的铅笔，也比最短的滑雪板短"这种稍微有点奇怪的表达方式也能成立。在对某个物体做判断时，有时会说"作为某个种类的物体"，明确说话人心中所想的种类。例如，看到家庭菜园里长势不怎么样的西瓜，有时会说"作为外行人种的西瓜，这个西瓜很大"。但是即便是在这种情况下，尺度本身依然是隐性的。

2　比例标准

学英语的人都有过这样的经历吧：为了记住那些相互之间在用法上有微妙区别的近义词，没少花费时间。"high"和"tall"就是这类容易混淆的近义词。

"他个子高"用"tall"，可以说"He is tall"或者"He is a tall man"，但不用"high"。

但是，当明确地说出身高的时候，就常用"He is six feet high."的说法。而且，在形容建筑物或树木时，"high"和"tall"都可以使用。我们在语感上似乎能分辨两者的区别，但一旦要说明就犯难了。

按照以下的思路能很好地说明这个问题。"high"这个词着眼于物体离地面的距离。某人高六英尺，就是指头顶到地面的距离是六英尺，所以使用"high"。对建筑物和树木使用"high"这个词时，也是同样的道理。"high"只关注某个物体与地面的空间距离，所以也可以用于像云那样飘浮在空中的物体。

然而，"tall"却不是单纯地关注某个物体离地面的距离（高度），同时还比较物体的宽度和高度。所以"tall tree"或"tall tower"等表达形式，隐含着与横向的宽度相比，纵向高度高的意思（参照图 4）。形容人的时候，关注具体身高时用"high"，描述对人的整体印象时用"tall"，也是这个道理。因此，同样的身高，瘦的人更容易被形容为

"tall"。

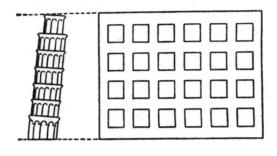

图 4

　　像"tall"这样,把物体的某种性质作为隐性标准,来衡量该物体的其他性质的形容词称为具有比例标准的形容词。日语"細長い/细长的"就是这种类型的词。与英语"tall"相当的日语非要说的话应该是"ひょろ長い/瘦长的"吧,因为这两个词都只用于正常状态下垂直的物体。

3　期待标准

　　看到上门来做客的许久不见的亲戚家小孩,我们经常会说:"长这么大了啊,要是在哪里遇到的话肯定认不出了。"对此,当事人可能会不好意思地回答:"但是叔叔,像我这样的在班里算个头小的。"这种情况下,孩子是以同班同学为标准来评判自己的个头大小的。也就是说,他是以种类标准来考量的。而叔叔却是将自己以前见到这个孩子时的记忆中的印象,与眼前孩子的大小无意识地进行了比较,发现记忆中的那个小孩子已经长这么大了,远超自己的期待,感到很惊讶,于是发出"长这么大了啊"的感叹。像这样,用个人迄今为止持有的对某物的自我尺度来判断事物,就是使用了期待标准。

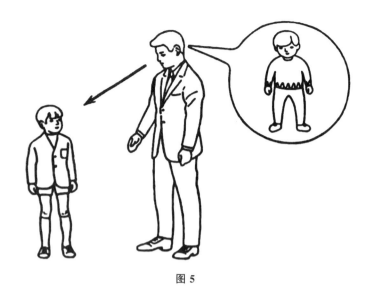

图 5

向父母撒娇要零花钱的孩子拿到了一千日元,抱怨怎么这么少,而父母却训斥他"已经很多了"。父母是以孩子的零花钱为标准来考虑的,用的是种类标准。而孩子则是以期待标准来判断的。如果孩子说"朋友谁谁谁的零花钱要多得多",就是一种显性比较,而不是隐性比较。

4　合适标准

人们经常使用的隐性标准的第四种,是从某物是否合适的角度进行比较,做出判断。

试想一下"狭小的房间""宽敞的房间"这样的表达吧。乍一看这也可以理解为是根据种类标准做出的判断。但如果是这样的话,可以说"大房间""小房间"。想一下就会发现,某个房间是"狭小"还是"宽敞",取决于有多少人、出于什么目的使用这个"房间"。即使是二十张榻榻米①大的大厅，要举行三百人规模的宴会的话，也"狭小不合适"。而十张榻榻米大的房间，如果一个人睡的话，则又过于"宽敞"而让人心慌了。

入口是"狭小"还是"宽敞"，也取决于同时通过的人数。不过，一个人好不容易才能通过的入口，无论何时都是"狭小"的，但这也是在根据它是否适合出入进行判断。

像这样隐含合适标准的形容词，表示的内容无关事物和对象的性质本身，而只表示某物对人来说方便与否而已。我们在说"狭小的房间""宽敞的入口"时，往往坚信它们和"明亮的房间""气派的入口"等一样，是在描述对象本身的性质。

"狭小的"是指某个对象对于人们进行某种活动来说空间不够充足，但在评价这是件麻烦事还是好事这一点上是中性的。也就是说，某种事物的"狭小"，既有可能是合适的，也有可能是不合适的。为了防止敌人来袭，狭小的城堡入口更有利，也有人认为狭小的房间更加令人安心。

然而，在隐含合适标准的形容词中，明确倾向于某一方评价的也不少。

想象这样的场景：一位母亲为了能让孩子穿得久些，给孩子买了一件偏大的校服。孩子不满地说："妈妈，这件衣服又肥又大。"母亲装出一副若无其事的样子说："但是宽宽松松的不是很好嘛，穿着舒服啊。"无论是"又肥又大"还是"宽宽松松"，都表示衣服太大这一客观判断，这点是一致的。但是，"又肥又大"这种表达方式，是对超出标准感到困扰，是负面评价；而"宽宽松松"与前者不同，认为这是好事，表示正面评价。有关衣服，还有"过短""尺寸太小"或者"太紧"等表示大小达不到标准的词。这些词都不是表达赞美的词，由此可见是对这种不足的否定评价。

---

①　一张榻榻米的大小约为 1.62m^2（90cm×180cm）。

关于衣服,也可以把"服服帖帖"或"正正好好"这样的表达归入常用的隐含合适标准的词中。这是以穿着者的身体为标准,对作为话题的衣服,做出正好与预想的一样大的判断。

根据上述观点,将这类隐含合适标准的与衣服相关的词归纳为图6,就会发现一个很有意思的现象。那就是形容衣服不够大且对此持肯定评价的词一个都没有。这从衣服的性质来看是很正常的。

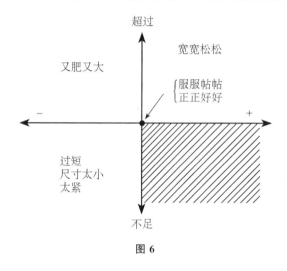

图6

在形容词中,像"狭小的"这样的词几乎只能从合适标准的角度来使用,但是很多其他形容词也能体现合适标准。比如"大",在评价客观大小时,依据的是种类标准;做个人的主观判断时,依据的是期待标准;用于"需要一块大石头来当腌菜的镇石"这种情况时,显然依据的是合适标准。描述各种维度的形容词,使用时多多少少都隐含着合适标准。

5　人体标准

最初揭示出以上四种隐性比较标准的,是瑞士语言学家恩斯特·莱斯。[2]他的研究发表于1953年,此后许多学者为了寻找新的标准而进行了各种研究,但迄今为止,我还没有听说发现了什么其他的标准。但是我曾经公开提议确立一条可称之为"人体标准"的新标准,在此介绍一下。[3]

我们经常使用"大象的鼻子长""长颈鹿的脖子长"这样的表达方式,但我们在说大象的鼻子长时,到底是以什么为衡量标准的呢?

类似"大象的鼻子长"这样的句子,可以看作逻辑学的全称命题用日常语言表达出来的一个具体例子。也就是说,这句话的意思是"如果某物是大象,并且拥有一个叫作鼻子的器官,那么该器官总是很长"。简单地说,可以解释为"所有大象都有长鼻子"。对于拥有某种特征明显的身体部位的动物,可以造出无数类似的句子,如"长颈鹿的脖子长""猪的尾巴短""仙鹤的脖子长"等等。

那么,在这类表达中出现的"长""短"的标准到底是什么呢?首先可以肯定的是,不可能是种类标准。前面提到过,在鉴评会上有人看到西瓜那么大的苹果时惊呼"哇,好大的苹果",这种情况使用的是种类标准。为什么这么说呢?因为这个句子的意思是"这个苹果很大",要说和什么比很大,是和普通的平均大小的苹果比很大。种类标准,总而言之,是在对某个对象集合的特定代表,即标本进行判断时使用的。从逻辑学上来说,可以说属于特称命题。因此,像"大象的鼻子长"这样具有全称命题性质的表达,与种类标准是不相容的。如果无论如何都想说这是种类标准的话,可以把将所有大象作为成员之一的大集合,也就是动物整体(例如所有哺乳动物)视为一个种类。

也就是说,将"大象的鼻子长"理解为"在动物中,某个成员(所有大象)的鼻子长"的意思。这种思考方式的难点是,动物这个集合,即使限定为哺乳类,也由非常多的种类构成,所以无法求得动物普通的鼻子的平均长度。至少,谁也不知道能够立刻用来判断眼前的对象是长还是短的现成的参考标准,即"动物平均的鼻子长度"这样的东西。

那么,是否可以将之视为基于比例标准的判断呢?有人认为这比种类标准更妥当。比例标准是指在评价某个物体(对象)的某一维度时,将该物体的另一维度设为尺度。

从这个观点来看大象的鼻子,长度确实明显比宽度(直径)长得多。所以,暂且可以认为比例标准是适用的。但是,再仔细想想,就会发现这个说明也不够充分。

现在比较一下仙鹤和麻雀的腿,前者所有人都会认为很长,而后者则会有很多人认为很短。不管怎么说,麻雀的腿不是引人注目的特征。但是,当我们将注意力锁定在腿上,考察一下长度和粗细的关系的话,就会发现麻雀的腿也是相当细长的。

仙鹤

麻雀

图 7

也就是说，从比例标准来看的话，麻雀的腿在纵向维度上远比在横向维度上长。尽管如此，我们一般不会说麻雀的腿长。从这样的例子可以看出，对于某些身体部位特征明显的动物，我们在说它们腿长或鼻子长时，并不是只关注该部位的形状，而是着眼于该部位和身体整体大小之间的某种平衡关系。

据此，我们再回头思考大象的问题。大象是陆地上最大的动物，因此，如果大象身上长着与身体大小相匹配的、不长不短的、合适的鼻子的话，应该是多长呢？我们脑中必定存在"这个长度对大象来说正合适"的标准，正是这个标准，使我们在看到眼前的大象鼻子后，认为大象的鼻子很长。也就是说，问题是让我们觉得鼻子和整个身体相协调的比例，而不能只将对象限定于鼻子，关注它的长宽比例。

当我们论及各种动物身上突出的身体特征，说它们长、短、粗、细的时候，一般关注的是它们与整体的协调性。

既然这样的话，在我们的头脑里，是否存在判断动物的某个特定身体部位与身体整体是不是相协调的比例标准呢？我认为，人的身体部位与身体整体的比例，在我们看待人类以外的动物时，也会被拿来用作尺度（有时候扩展为比喻义）。

这么思考的依据之一，是"大象的鼻子长"式的全称命题，用于描述人的身体部位时，一般来说是不成立的。

"人的手长"这样的表达方式总让人感到哪里有点奇怪。也就是说不存在这样的句子。不存在的原因并不是人的手不长，因为"人的手短"这一相反的表述也同样奇怪。"大象的鼻子短"这句话很奇怪，是因为违背了事实。而关于人的手的全称命题很奇怪，并不是因为命题违背了事实。

但是，即使是以人为主语的句子，像"这个人的手长""太郎的手短"这种关于人类中某个特定个人的命题，以及"日本人的腿短"这种关于特定集团的命题却毫不奇怪。也就是说，特称命题成立，而全称命题不成立。毋庸置疑，特称命题中的长、短的标准是种类标准。主语是太郎时,种类是日本人;主语是日本人时,种类为包含外国人在内的所有人。

正因为人类的身体整体和各个身体部位的比例被用作判断动物外表协调程度的尺度,所以把尺度(协调的原形)本身作为问题的"人的手长(短)"这样的表达就没有意义了。猫的脖子我们既不说它长也不说它短,大概是因为猫的脖子和身体的比例在我们认可的协调的范围内。与此相反,大象的鼻子和长颈鹿的脖子在我们眼里是不协调、不平衡的。

当然,现代人看到大象和长颈鹿也不怎么吃惊,这是因为我们从小就通过各种各样的信息(图画和照片)或者实物对此有所了解。

但是,初次看到大象、长颈鹿,或者这些动物的图画的人,一定会对它们奇怪的样子感到震惊吧。"大象的鼻子长"式的表达,是面对这种异常的形态时,人类表达惊讶的语句。而用来衡量这种异常的正常值,最终难道不就是我们自身的身体部位相对于身体整体的比例吗?

古希腊人曾说"人是万物的尺度",人体标准与这种思想完全吻合。不仅如此,使用词来整理世界时所用的方法,多多少少都是以人为中心、以人为标准的。

注释:

1. 实际上,日语的"赤い/红的"也有问题。男人的"赤靴/茶色皮鞋"并不是"红的"。关于这一点,参照鈴木孝夫「色彩語の意味分析に関する一考察」『慶應義塾大学言語文化研究所紀要』第四号、1972年12月。

2. Leisi, Ernst: *Der Wortinhalt — Seine Struktur im deutschen und englischen*, 2., erweiterte Auflage, Heidelberg, 1961.

3. Suzuki, Takao: "An Essay on the Anthropomorphic Norm" in *Studies in General and Oriental Linguistics*, edited by Roman Jakobson and Shigeo Kawamoto, Tokyo, 1970.

四　词的意思与词的定义

音与义

无论属于哪种语言或者语系、语族的词，都一定是由两个部分组成的。

首先，词具有一定的语音形式，我们可以把这个理解为词的外形。其次，词是有内容的，就是我们常说的词的意思。

一定的语音形式和一定的意思结合而成的就是词。

语言学是专门研究词的学问，在词的语音方面有着悠久的研究历史，因此研究得非常深入，但对词义的研究却非常滞后。

无论是起源于十八世纪的欧洲，十九世纪达到顶峰的历史比较语言学，还是二十世纪前半叶取得长足进步的结构主义语言学，研究的重点都是语言的语音方面。特别是二十世纪前半叶科学主义、行动主义色彩浓厚的美国语言学，这种倾向尤其明显。不要说词义的研究，就连词义这一语言的重要组成要素本身，都被看作非语言性的心理现象，差点从语言世界里被剔除出去。

产生这种不平衡的原因很简单。语音作为一种物理现象，是一个明确存在的对象。就连远古时代语言的语音，虽然不完整，但也有不少以文字的形式留下来了。语言的语音方面的研究甚至不需要对语音下定义,因为研究对象从一开始就存在。

与此相比,词的内容部分多与人的精神活动有关,且没有具体的对象性,所以无从着手。

围绕"词的意思是什么"这个问题,研究者有过诸多讨论,也尝试提出了很多定义,但至今还没有定论。因此,从语言学整体的角度来看,词义的研究停留于零散、局部的研究。

二十世纪后半叶,语言学取得了飞跃性的进展,以往的语法理论框架得到扩展,语言学家们也开始致力于将词义的问题作为语法事实进行说明。但词义的问题极其复杂,尚未解开的谜题远比成果要多。

词典不解释词义

然而,当语言学尚在持续摸索词义时,有一个领域却必须将词的意思作为清晰明了的对象来看待。这个领域自古就存在,那就是词典。

词典的重要作用之一是向人们解释意思不明的词。确实,一般人在思考词的意思,或者将词教给别人的时候,依据的就是词典。

既然如此,我们在思考词义问题的时候,除了对尚未得出结论的各种语言理论和学说进行比较研究之外,也可以对词典中所列的词义进行调查,或许能得到意想不到的、有趣的结果。

也就是说,可以尝试从出口而不是从入口来调查词义的问题。我之所以这么想,也是因为编纂词典的人并不是外行或语言研究的门外汉,而是优秀的语言专家。单从这一点来看,不论一部词典编得是否成功,都很有可能为我们思考词义提供各种线索。

我抱着这样的目的查过各种语言的词典。以前只是漫不经心地想知道词的意思而查词典时,虽然有时能得到令人满意的解释,但也遇到过不少根本没解释清楚，令人生气的情况。

　　但是，在默认词典解释了词义的前提下，一个一个地翻看对词的内容的说明时，我发现了一些很有意思的问题。

　　其中对我来说最重要的发现是，词典的编纂者们犯了一个相同的错误：他们没有清楚地认识到我所说的词的"意思"和词的"定义"的区别，因此常常陷入不必要的麻烦中。[1]下面，我先对所有词典都存在的若干个外围问题进行说明。然后阐述区分词的"意思"和词的"定义"的必要性。最后通过这种区分，来明确蕴含在"词的意思"这一模糊概念里的诸多内容。

"石头"是什么？

　　第一章中讨论"break"和"drink"的结构问题时，我已稍详细地谈及过，解释某个词的用法时，用与它的词义部分对应的其他词置换来说明的方式，存在无法恰当地说明原词意思的重大缺陷。

　　例如，在说明"break"的用法时，即使将"壊す/毁坏""割る/打碎""折る/折断"等罗列出来，如果没有自觉地理解这些日语动词自身的意思的话，仍然无法掌握"break"的正确含义。

　　相同的问题在日语词典里也存在。例如，有词典对"崇拝する/崇拜"这个词用"崇め敬う/尊崇，崇敬"来解释，这也只不过是将A这个词置换成了B和C，并没有对A的意思进行说明。

　　这种置换说明的方式，只不过是将所谓词义的说明搁置了，最终还是要对"崇める/尊崇""敬う/崇敬"进行说明，所以只是暂时回避了直接解释而已。

　　因此，要探究词典到底是怎么解释词义的，就需要去看这种置换规避法行不通的地方，即词典编纂者在走投无路的情况下是如何处理的。

那么,让我们来看看现代具有代表性的一部日语中型词典是如何解释"石/石头"这个词的吧。[2]

> 〈土や木より固く、水に沈み、砂より大きく、岩より小さいかたまり。〉/比土和树坚硬、会沉入水中、比沙子大比岩石小的块状物。

虽然没有多少人会查这个词,问题不大,但是一眼就能看出这个说明是多么不全面、不恰当。如果说句刁难的话,按照这个说明,无论是铁块还是铅块都可以称之为石头,无论是玻璃还是骨头也都可以成为石头。

更糟糕的是,明明是因为不知道"石头"这个词的意思而查了词典,但为了说明"石头",出现了"沙子""岩石",而"沙子""岩石"的意思,实际上又必须使用"石头"这个词来说明。

在同一部词典里,"沙子"的解释是"非常细小的石头颗粒","岩石"的解释是"大石头"。也就是说,不知道"石头"这个词是什么意思的人,陷入了因为不知道"石头"的意思,而永远无法理解"石头"的意思这一不可思议的谜题里。

再举一个例子吧。查阅一下"痛い/痛的"这个形容词,会看到它的解释是"いたい〈いたみを感じる〉/痛的〈感到疼痛〉"。于是,接着查阅"いたみ/疼痛",解释是"〈痛むこと。その状態〉/疼痛。痛的状态"。再查阅"いたむ/痛",写着"〈(肉体に)痛みを感ずる〉/(肉体)感到疼痛",结果又回到了"いたみ"。

无论是解释"石头"还是"痛",很明显,词典都陷入了死循环,也就是原地打转。不过,需要声明的是,这种情况并非只存在于日语词典中,外国的词典也大同小异。

例如,在《简明牛津英语词典》里,对"pain/痛苦"的说明是"n. Suffering, distress of body or mind/名词,痛苦,身体的痛苦或心灵的痛苦"，接着查阅"suffer"的话，释义是"v. t. & i. Undergo,experience,be subject to（pain,loss……）/动词，及物 & 不及物，遭受，经历，经受（痛苦，损失……）"，再次出现了原来的"pain"。

这究竟是怎么回事呢？

对类似"石""いたい"以及"のむ"（参照"'のむ'与'drink'的结构比较"一节）这样无人不知的词所做的解释，无论哪本词典都有各种各样的缺陷。这些词都不能用更简单的一个词或几个词的罗列来置换，我暂且将这类基本的词称为基础词。

词的意思

接下来思考一下我们究竟是怎样学习我称之为基础词的这类词的。

这些词都是我们在不经意之间习得的。任何国家的语言中的基础词，都是孩子在成长过程中，在日常生活中不知不觉地记住的。而且，这些词的语音形式和意义内容是被浑然一体地习得的。也就是说孩子不会针对这些词提出"某某词是什么意思"或者"某某词表示什么"这类问题。

与此相对，最难学的词，即古语、外来词（外语）以及专业术语，一般是先听到（看到）词的语音形式，然后再学习词的意思，或者先看到实物，进而去学习该事物的名称。

基础词的语音形式与意义内容不可能出现这样的分离。基础词的语音形式与内容可以说是一体的，总是同时出现，所以特意问"石头"是什么，"痛"是什么意思，其实是没有意义的。也就是说，这类词原则上没有必要用其他词来说明或置换。

这种基本词汇，可以认为无一例外，都是属于同一个语言社会的所有人共有的词，是所有人可以按照自己的方式自如使用的词。

那么,就基础词而言,是不是所有人的理解都是完全一样的呢?绝非如此。因为不同的人围绕某个词的经历各不相同。

以"狗"为例来思考这一点吧。曾经被狗咬过的人和没有被咬过的人,对"狗"这个词的感情不一样;非常喜欢狗的人可以分辨各种各样的狗,也可以指出它们不同的特点,但是对狗不感兴趣的人就做不到这一点。

但是,无论哪类人都能理解和使用"狗"这个词,这一点是一样的。在考虑了诸多此类事实的基础上,我认为词的意思可以如下定义。

词的"意思"是我们持有的与某种语音形式(具体地说,如"犬"这个词所具有的"いぬ"这个音)相关联的体验和知识的总和。按这样来定义的话,词的"意思"就包含以下两个特征。

(一)词的"意思"因人而异,有很大的不同。(二)词的"意思"无法用语言表达。以下就这两个事实再做详细说明。

1 与语音相结合的个人知识体验的总和

如上所述,喜欢狗的人与不喜欢狗的人,关于狗这种动物的体验和知识的总和有很大的差别。但是,两者都知道"狗"这个词的"意思"。当然,即使是到目前为止的对词义的看法,也认同对同一个词的意思的理解是因人而异的。但是,这些因人而异的部分,往往以情绪性意思、隐含性意思的名目,被归为词义的周边性、附加性的内容。而词义的核心部分称为指示性意思,被认为是不会因人而变动的意思,是稳定地存在于社会中的共通意思。一直以来,学者们都在尽全力找出词的共通意思,并研究将共通意思一般化的途径。

在我看来,没有必要也不可能区分情绪性意思和指示性意思。当然,像狗之类贴近我们生活的动物,人们对"狗"这个词的"意思"的理解中,共通之处会多一些。

著名的"盲人摸象"的故事很好地说明了人们对
同一个对象（同一个词）的理解有很大差异。

图8

但是，如果将狗换成狼的话，就会立刻明白人们对同一种动物的理解会有多么不同。只具备《小红帽》这样的寓言、童话故事里提及的关于狼的知识的孩子，熟知狼的形态、足迹、粪便、活动路线、习性等的猎人，了解全世界狼的种类和分布、具备解剖学上的分类学知识的动物学者，这三者对同一个词"狼"理解上的不同，表明传统的看法——"共通部分正是全社会共有的意思"，虽说是具有操作性的工作假说，但也仅仅是缺乏现实证据的虚构理念。

再举一个植物的例子吧。现在，对于很多城里人来说，魔芋、烟草和棉花之类的词，只意味着由这些植物制造的产品。魔芋是放在关东煮里的东西，烟草是切碎后用纸卷起来放在烟盒里的东西，"棉花"是脱脂棉，或者顶多也只是棉衣里松软的东西。

这些人即使去了山村，也无法辨认出制作这些产品的植物。其他的姑且不谈，甚至很少有人知道制作魔芋的原料是和芋头相似的植物球根吧。

农民们与城里人拥有的关于这些词的知识和经验，相互重叠的只有极少的一部分。如果共通部分是词的社会性指示意思的话,魔芋就是方形的、软而有弹性的食品,而作为植物生长的魔芋就成了这个词的隐含性、情绪性意思！多么奇怪的解释。

为了避免出现这种不合理的情况,我认为将词的"意思"看作与它的语音形式相结合的个人知识经验的总和,才与语言的现实相吻合。

2 词的意思无法用语言传达

如果这样规定词的"意思",那么自然就不可能单靠语言向他人传达词的意思(当然,人可以把自己的经验告诉别人)。例如,只用语言无法让没吃过巧克力的人知道巧克力的味道。这就是为什么词的"意思"无法用语言来传达。

但是,这样规定词的"意思"的话,我们就必须回答一个问题。我们可以从别人那里学习新的词,或教别人新的词,也就是说,语言是可以进行社会传播的,这是谁都不能否定的事实。那么,这与"意思"的不可传达性到底是怎样的关系呢?

词的定义

在我看来,人之所以能教别人词,是因为教的是词的"定义",而不是"意思"。词的"定义"(有各种各样的种类,后面会详述)是可以传达的。我用实例来说明这一点。

我用刚才提到的日语词典查了一下"渋い/涩的"这个词。

吃涩柿子的时候,令舌头发麻的刺激性感觉。

这个说明，一个字也没有提"涩的""涩味"是什么样的东西。词典所描述的，是读者通过何种方式，能获得词典编纂者所知的"涩"的感觉，也就是说仅仅提供了指向目的地的路标。接下来，就全部仰赖人在同一（近似）条件下可以得到同一（近似）体验这种无法证明的直觉性前提了。

不是成熟的甜柿子，而是未熟的青柿子，不是看而是吃。这样的话，你自己感受到的舌头的感觉就是日语所说的"涩"。

仔细一想，词的社会性习得，无论是哪种情况，都是按照上面所述的形式进行的，我称之为词的"定义"。所谓"定义"，就是指明确某种物体的界线。不是传达对象本身，而是明确对象所涉及的范围。

最基本的词的"定义"方式是出示一样物体，说"这是某某物"。这种定义一般被称为"指示性定义"。虽然"指示性定义"是各种"定义"中最简单的，但有很多不全面之处。最明显的缺点自然是眼前必须有对象。但更重大的缺点是，听的人不知道说这个词的人是着眼于眼前对象的哪个部分来使用这个词的。

例如，拿个球给小孩子看，告诉他"这是球"。小孩子可能会认为球状的物体就叫"球"，之后不管是看到西瓜还是看到豆子，都叫它们"球"。

但是，这个孩子使用"球"这个词的时候，有时会受到表扬，有时会遭到嘲笑。渐渐地他就会领悟出，球形对象只有在满足特定条件时才能被称为"球"。

用语言代替指示，教给别人某个词，这种方式从本质上来说是一种替代形式，替代了在各种情况下重复"指示性定义"。也就是说，自己对某个特定的词持有某些体验，为使其他人获得同等的体验，而对情况进行限制，附加各种条件。因此，根据传达者与接受者的经验差距，以及下"定义"的目的等的不同，用语言对词下"定义"的方式千差万别。

比如要用语言来告诉一个不认识狮子的孩子什么是狮子。如果那个孩子已经认识猫,那么告诉他狮子是一种很大的猫,对象的范围就会缩小很多。但是,仅靠这些信息,孩子无法区分狮子与老虎、豹的区别,所以需要更详细的说明。但是无论怎么详细说明,也达不到绝对意义上的充分说明。

用语言下的某个"定义"是否正确、充分,说到底只是相对于使用该词的目的而言的。我们需要理解,不存在完美无缺的、无论何时何地都能让所有人满意的"定义"。

词典没有必要对"石头"下定义

让我们回到本章开头提到的词典如何处理词义的问题。

只要认识到用语言传达词的"意思"是不可能的,那么词典的作用就只能是给词下"定义"。从这样的观点出发,回顾前面列举的"石头"和"痛"这两个词的例子,可以看出两者虽然都是"循环定义",但它们的性质却有着明显的差异。将"石头"解释为"比沙子大比岩石小的块状物,比土和树坚硬,会沉入水中",虽然不太全面,但我认为在朝着"定义"的方向记述这一点上是正确的。只是在这个定义中,使用了"岩石""沙子"这些如果不再次使用"石头"就无法定义的词,这一点是错误的。

但是我认为,完全没必要在日语词典中对"石头"这个词下"定义"。之所以这么说,是因为"定义"原本是指传达者引导接受者尽可能正确地体验到自己关于某个词的体验。就像是向已经登上富士山山顶的人传授怎样才能登上富士山一样,对于已经通过体验知道石头是什么的日本人来说,对"石头"这个词下"定义"是没有意义的。

将"痛"记述为"感到疼痛"的不恰当性与"石头"的情况不同。它只是单纯的同义反复（tautology），完全没有意义。

　　在知道无用和不全面的前提下，还是硬要对"痛"下定义的话，那么将其定义为"用针刺身体时的感觉"或者"腿骨折时的感觉"要正确得多。从这个意义上来说，该词典将"涩"描述为"吃涩柿子时刺激舌头的感觉"，可以说是相当令人满意的解释（只是如果不将"涩柿子"换成"未熟的柿子"的话，还是存在部分同义反复的问题）。

动词、形容词比名词更容易定义

　　通过以上对词的"意思"和"定义"的思考，以前朦朦胧胧的感觉一下子变得清晰了。那就是，动词和形容词比所谓名词更容易下"定义"，而且可以用绝对性很强的形式描述。

　　名词表示的事物或对象，绝大多数情况下几乎有无数个侧面。例如，就拿某种植物来说，包括其分类学上的性质、位置、形态、分布，有毒还是无毒，能不能吃，能吃的话吃哪个部位、怎么做，价格是多少等等，有诸多与人相关的侧面和角度，这当中的任何一项都有可能被纳入"定义"中。也就是说，对所有人都适用的、绝对性很强的"定义"几乎是不可能的。

　　当今语言学研究的课题之一是能否区分语言知识与事物知识。在我看来，至少对于名词来说，做这种区分是不可能的。为什么这么说呢？这是因为"定义"本身直接依赖于使用词的人的知识和体验，而这些知识和体验都具有可能被不断改写的性质。

　　比起名词，动词可以更加客观地进行"定义"。第一章中列举的几个例子已经说明了这个问题，现在再举一个新的例子来说明。

　　英语中有一个基本动词"wear"。用传统词典的说明方式来表示其用法的话，可以罗列出诸如"（帽子を）かぶる/戴（帽子）""（服を）きる/穿（衣服）""（靴を）はく/穿（鞋）""（眼鏡を）かける/戴（眼镜)""(指輪を)はめる/戴(戒指)""(腕時計を)する/戴(手表)""(下着を)つける/穿(内衣)"等一些日语动词。留头发、留胡子、烫发也可以用"wear"表示：

He wears his hair long. /他留着长发。

She wears her hair waved. /她把头发烫成波浪卷。

另外，形容脸上浮现出微笑、皱起眉头可以说"wear a smile""wear a sour look"。喷香水是"wear perfume"。按照这样一一列举的话，需要列出十几个不同的日语动词，而且会有上文说明过的意思范围过大或过小的问题。

于是我细想了一下，什么样的视角能统一解释这各种各样的用法呢？结果发现，无论哪种用法，都可以理解为在人体表面附着某物。

衣服、戒指和香水等自不必说，头发、笑容和其他表情同样可以认为是附着在身体表面上的。而且，微笑和头发使用的表达是"a smile/一抹微笑"和"his hair/他的头发"，与其他事物的表达方式，比如"a hat/一顶帽子"和"a ring/一枚戒指"等，在语法上是相同的，因此不像日语中那么不自然。

但是问题来了。说某个人的头发长或者烫了波浪卷时，可以使用"wear"，但如果要说"他的头发是黑色的"，却不能使用"wear"。另外，虽然黑痣等也附着在脸上，却不能用这个动词。因此经过多方考虑，我发现有必要增加一个"暂时性选择"的条件。暂时性选择是指人按照自己的意志，选择某样东西，在一定时期内让它附着在自己身上。

这么定义"wear"的话，就能完全脱离一个个具体的物体和状态，极为抽象客观地把握这个动词了。帽子和衣服自不必说，留长发、留胡子也是基于个人意志选择的结果，如果不喜欢，可以剪短或剃掉。与此相反，黑痣和黑发并不是凭自己的意志选择的，也不是暂时性的，所以不能使用这个动词。

日本的词典自不必说，英美的词典也没有采用这种抽象的"定义"。但是"人凭自己的意志选择某物，让其暂时附着在身体表面"这一条件范围，几乎囊括了"wear"的所有正确用法，可以说是绝对性很强的"定义"。同样，像前置词这类表示事物与事物之间关系的词，也可以这么下"定义"。

仔细一想，动词、形容词以及前置词的词义研究，无论在哪种语言中都相对深入。而对名词词义的研究，除了本身内含结构性关系的亲属名称等词以外，没有什么有价值的研究。这主要是因为名词在本质上很难被"定义"，且关系到多面、价值多元的具体事物。

有些词典在解释与具体事物有关的词时，会尽量使用插画或照片。要说这些插画或照片是这个词的词义，恐怕很多人会有强烈的抵触，但将它们视为"定义"的话就没有问题了。

第一章中论及的通过记述使用该词的充分必要条件，来提高传统词典层面的词义的严谨性，增强有效性的想法，实际上几乎不适用于名词。物是无法为词所穷尽的。

注释：

1. 这一章中所述的词的"意思"和"定义"的区别，最早发表于鈴木孝夫「語の意味」『講座　正しい日本語』第四卷語彙編、森岡健二・永野賢・宮地裕編集、明治書院、1970 年。

2. 岩波国語辞典、西尾実・岩淵悦太郎・水谷静夫編、1963 年。

五　赋予事实以意义的价值

日本人残酷吗？

这已是三十多年前的事情了。当时"二战"刚刚结束，驻日占领军踏入战败国日本的领土，控制了所有的信息传播手段，不间断地发布报道，称日本军队在世界各地犯下残虐至极的罪行，称日本人是世上罕见的极其残暴的民族。

那时正处于战犯——日本战争指挥者在东京市谷的军事法庭接受战胜国联合军队审判的年代。

彼时的我立志学习英语，因此经常收听收音机里播放的审判战犯的转播，把它当作现成的教材。那时学会的"atrocity/暴行"和"cruelty/残酷"等词汇，至今仍在耳畔萦绕。

追究日本人暴行的不仅仅是战胜国占领军。毕竟当时处于"一亿人总忏悔"的时代，日本人自己也纷纷站出来谴责"巴丹死亡行军""南京大屠杀"等不人道的行为。

当时，在我东京的家对面，住着新搬来的英国大使馆的海军军官一家。有一天，门外传来了幼犬的哀鸣，喜欢狗的我飞奔过去一看，好像是被人遗弃的狗崽。约莫一个月大的四条杂种幼犬蜷缩在门前的排水沟里，"呜——呜——"地叫着。

　　这可如何是好？我陷入了沉思。当时还处于粮食紧缺年代，养狗并非易事。而且就算要养，四条也实在太多了。正在我左思右想之际，幼犬们不知怎么钻进了水泥盖下面，在里面哀嚎。

　　无论如何得给它们喂些食物。于是，我拿来扫帚，想把它们赶出来。这时，头上传来一声怒吼。我吓了一跳，抬起头来，看到军官夫人在对面的二楼怒气冲冲地对我用英语喊着什么。我好不容易听懂了一些，好像是说"立即停止虐待小狗，不然我就报警了"。

　　我只记得自己吓破了胆，语无伦次地用英语告诉她"有人将狗丢弃在这里，我正想给小狗喂食"。尽管如此，那位夫人还是一副可怕的样子，喋喋不休地念叨着日本人怎么这么残酷之类的话，回屋里去了。

　　英国妇女斥责日本人残酷对待动物，引起骚乱的例子，仅我听说的就有好几起。其中一例是：在东京某个交通繁忙的十字路口，一位男子想快点通过，便用鞭子抽打拉着沉重货车的马匹。恰巧开车路过并目睹此状的一名女子停下车，朝着那位男子飞奔过去，夺下马鞭并殴打了他。

　　另外还有一例：住在东京的英国动物保护协会的妇女们，控诉东京的医院里用于动物实验的狗受到恶意折磨，遍访各家医院提出抗议。

　　在日本被委婉地翻译为动物保护协会的该组织，在其大本营英国有一个非常犀利明确的名称——防止虐待动物协会（Society for the Prevention of Cruelty to Animals）。自 1824 年创立以来，众多会员时刻监察着虐待动物的行为。

　　现在日本流行养宠物，每年都有无数的宠物狗从狗的天堂英国进口到日本。然而，去年有过这样的报道：英国的大众媒体称日本人一旦嫌麻烦或不再需要，就会将宠物狗丢弃，于是民众觉得小狗太可怜了，便呼吁停止出口宠物狗到日本，这个问题还在英国国会上被讨论。

确实，即便是现在，仍有很多日本人会抛弃不再需要的猫狗。弃狗、流浪狗、捕杀野狗等词都没法翻译成英语。这种现象激起了包括前面提到的海军军官夫人在内的很多英国人的愤慨。

那么，遇到这种情况，他们是怎么处理的呢？要么毒杀，要么枪杀。英国人认为这些方法动物受的痛苦最少，是为动物着想的最合理的处置方式。

但是，对于日本人来说，用自己的双手枪杀可爱的小狗，这太残忍了，绝对下不了手，而且毒杀也不行。即便是平时没怎么尽心照料，或完全没有关系的野狗，一旦动物收容所的职员来抓的话，人们也会故意妨碍他们的工作，让野狗逃走。

当然，在现在这样人口高度密集的社会中，如果放任野狗不管，或者随意抛弃小狗的话，会产生各种各样的问题，这是我们周围已经出现的情况。弃养狗绝对不是值得被表扬的行动。像英国人那样对待狗，显然更符合现代都市生活的理念。

日本的狗与西方的狗

但是我在这里想思考的不是具体方法的好坏，也就是说问题不是在现代社会怎样养狗才最理想。我想思考的是偏好自己亲手处死不再需要的宠物狗的思维方式，与认为把狗丢弃在自己看不到的地方更好这种日本人的心理之间的差异。

即便它最终会死，也不想自己动手，想着如果运气好的话，它也许会被人捡走，抱着这样一丝近乎自我安慰的希望扔掉猫狗——我想通过日本人的这种行为，来思考日本人内心深处的动物观和对生物的基本态度。

我会先通过对比弃养与安乐死，来探究在不同民族和文化中，残酷（残暴以及残忍）这些词有着怎样不同的含义。

　　但是这一章的最终目的并非对残酷这一概念进行比较文化学的考证,而是想通过一个实例指出,日本人在思考有关自身的基本问题时,往往会不知不觉地将原本对日本人来说是异质的、外来的西欧价值标准作为普遍适用的尺度,拿来使用。日本的近代化以及西化这一文化大变革,并没有按照常规,如征服和移民那样伴随着大量人口的移动,而是通过"物与文献"这种尽量舍弃人与人的直接接触的、极其例外的形式进行的,完全依赖词来吸收接纳外来文化。因此这就成了语言学无法绕开的重要课题。

　　言归正传。英国人喜欢狗的程度,就连犬公方①也望尘莫及。前年5月8日的《朝日新闻》刊登了来自伦敦的报道《爱护动物的"宗家"英国——狗害不断,舆论高涨》,内容如下。

　　在伦敦,一名四岁的男孩沉迷于游玩,爬上围墙进入别人家的院子时,被两条德国牧羊犬扑倒,咬碎了头盖骨,受了危及生命的重伤。

　　狗被赶来的警察和孩子的父母射杀了,但是受害儿童家里,不但没收到慰问信,反而开始收到恐吓信。疑似来自因警察射杀狗而感到愤慨的"动物保护者"的信中,画了一块墓碑,还写着:"孩子马上就会死的,死了好。这是你们做父母的责任。"此外,还收到了十几封骚扰信,据说孩子的母亲因此受到打击而病倒了。

　　在英国,法律规定如果主人明知自家的狗很危险,却因为疏忽而对别人造成伤害的话,是需要负责任的。只不过按照迄今为止的惯例,罚款最高也就一英镑。

　　但是主人认为不危险的狗,哪怕突然咬了别人也不需要负责。也就是说,狗第一次咬人是不会受惩罚的。这完全是以狗为本的标准。

　　然而,最近因为接二连三发生了同样的事件,所以这些规定成了国会上讨论的话题。

———————

①　指德川幕府第五代将军德川纲吉,属狗,曾颁布保护生灵的法令。

话虽如此，之所以有这种以狗为本的法律，也是因为在英国，狗一般都被训练得很好，几乎不会给人带来麻烦。这并不仅限于英国，欧洲各地差不多都这样。

近年来，去欧洲各地游玩的日本人多了起来，喜爱狗的人都惊讶于欧洲的狗那么听话。报纸的投稿栏里，也经常刊登表达欧洲人"自觉地承担市民的社会责任，把狗管教得很好，不给别人添麻烦"这类见解的投稿。

1971 年 5 月 18 日，《朝日新闻》早报刊登了一篇以《荷兰的狗教育》为题的读者来信。

"在阿姆斯特丹生活，会看到狗坐电车等在日本见不到的情景。狗受到人的喜爱。事实上，狗本身非常听话，训练有素。狗很少嗅闻人的气味，我只见过一次狗在电车上小心翼翼地嗅闻一位老妇人的脚尖，更不用说对人吠叫了。正因为是这样的狗，所以才能乘坐电车。（狗的听话程度）甚至让我觉得这是不是因为"狗"的种类不同，但其实这是人的问题。本来嗅闻别人的气味就是非常失礼的事情。因此，如果狗对别人做这种事，那么狗的主人也是个失礼的人，没有养狗的资格。"

这个人看起来是非常讨厌被狗闻味儿的人。总之，故国日本的狗不懂规矩、没有教养，两相对比，使他受到了冲击。而且，狗的行为问题被归结为饲主的资格问题，也就是人性问题。接下来我想讨论的正是这一点。

我想说明"在欧洲，狗受到了很好的训练。这与欧洲人的高尚品性、道德观以及尊重他人的传统有关"这样的结论是多么逻辑跳跃且离谱。

"向西欧学习"

西欧各国是日本近代化的样板。直至今日,仍有很多去欧洲游玩的人,将所见所闻中与日本不同的地方以"不愧是欧洲"的心态来欣赏。欧洲的草坪真漂亮。无论哪里都像公园一样。早在几百年前,巴黎市民就建造了大规模的下水道,多么有先见之明和计划性。"然而在日本"这种类型的议论几乎渗透到了现代日本人的骨髓中。即便像学问这种照理来说客观的事物,也没有摆脱这种倾向。

人们完全忽视了欧洲的草坪之所以漂亮,是因为土地的植物生产力低,夸张地说,唯一能生长的杂草就是结缕草。而日本多为亚热带气候,植物生产力高,要费很大力气才能维持草坪的状态,如果放任不管的话,拉拉藤就会茂盛生长,变回丛林状态。这与欧洲的风土形成了对照。欧洲的森林,树下草木贫瘠,能骑马穿过。

东京奥运会①时,很多人吵着要求至少应该禁止在新干线沿线的住宅房檐下万国旗式晾晒衣物。理由只是因为在西欧各国看不到这种光景,所以被外国客人看到太不体面了。

但在欧洲,为什么不在室外晾晒衣服呢?那是因为全年日照不佳,即使在室外晾晒也没什么效果,因此催生了在北欧不外晒衣服的文化模式,仅此而已。另外,在北欧,湿度最高的季节是冬天,室内有暖气衣服容易干。而且别的先不说,把衣服晒外面肯定会被冻住。作为佐证,南欧有很多地方会在房子之间拉起绳子晾东西,人从下面穿行而过。

日本日照强烈,加上夏季湿度高,不用说衣物,从被子到榻榻米都会拿到户外晾晒。这是有充分的理由以及必要性的,但这一点却被完全忽视了。

---

① 指 1964 年在东京举办的夏季奥运会。

巴黎的下水道也是同样，并不是有先见之明而花费了巨额资金去建造，只是不那样做就无法住人，城市有可能消亡，迫于无奈才建造的。

另外，现在的欧洲各国实行严格的野生动植物保护措施，让我们这些关心自然保护的人羡慕至极。但是，这也并非源于欧洲人高尚的社会道德感，其实恰恰相反。

在欧洲，由于近代彻底的自然破坏和对野生动物的迫害，物种接二连三灭绝，造成了严重的后果。欧洲人从这些痛苦的经验中吸取教训，才发展到了现在的阶段。在日本，人们仗着丰富的自然资源，落后了欧洲两百年，自然破坏到现在才成为问题。

日本人如果从"不要重复欧洲人的愚蠢行为，不要重蹈覆辙"的角度，认识自己的现状的话，我能理解。但如果得出"向欧洲学习"的结论，那就错得离谱了。

有点跑题了，还是回到狗的话题上来吧。

日本与西方的动物观

英国人确实很擅长训练狗。我在前面讲到我家对面是英国大使馆海军军官的公馆，那里每三年会住进来新的人家，每家都一定带着狗。至今已经换了七八家了，带来的每一条狗都训练有素。

别说在家里不会随便吠叫，就连和主人一起外出散步的时候也很听话。就算路上遇到别的狗，也不叫、不跑过去。只是跟在主人的身旁，看着前方默默地走着，既没有系绳子也没有戴锁链。

相比之下，日本人养的狗简直是无法无天，令人汗颜。有时猛扑上来，有时大声吠叫。大狗的话，主人要费很大劲才控制得住，被狗拽着一路小跑的人也不在少数。在狭窄的道路上，遛狗的日本人相遇时也很有趣。牵着瘦弱小狗的人，会转到岔道上，甚至掉头往回走；还经常看到妇女等抱起小狗，护着它快步走过。

　　而到了英国人手上，不管是牧羊犬、巴吉度猎犬，还是腊肠犬、㹴犬、蹲伏猎犬，都安静地跟着主人走，简直就像是特殊品种的狗，堪称完美（美国人在训练狗方面好像和日本人相近。我家附近有好几家美国人，养的宠物狗完全不受控制，所以我遛狗经过养牧羊犬的人家门口时，总要费一番周折）。

　　总而言之，日本人对狗太放任了，导致狗完全不把人放在眼里。即使是在英国被训练得很好的狗，来日本被日本人养上两三年，也会变得完全不受掌控。

　　如此显著的区别究竟是什么原因导致的呢？我认为是英国人和日本人对人类与动物之间关系的定位完全不同的缘故。

　　日本人不把狗、猫和马等家畜看作完全受人类支配、从属于人类的动物。当然，日本和英国在外在行为上，比如照顾动物、喂食、为了自身利益屠杀动物，没有什么显著的区别。只是在对人类来说家畜占据着怎样的位置这一点上，两者的看法完全不同。

　　对于日本人来说，狗本身是自由、自律的动物。在日本人的概念中，人类和狗原本是相互独立的主体，两者交汇处，就出现了宠物、家畜。实际上，在日本，直到最近都没有把狗拴起来，或者关进围栏里的习惯。狗在附近随便走，寻找剩饭和垃圾。

　　给出现在后门的狗喂食，不知不觉就变成了自家的狗，这是常有的事。有时也会出现同一条狗被两家人同时认为是自家的狗的情况。另外，狗还会在家里人不知道的情况下，在檐廊的地板下面等地方生狗崽。这也是狗的自由。然而，对于那家人来说，就要承受原本无须承担的额外麻烦。这时，他们就会把狗扔到行人最多的桥畔。

　　扔狗的人，只是为了将不需要的狗逐出自己的生活圈，断绝不必要的关系，没必要杀死那条狗。过往行人多的话，或许会有人想要小狗，捡回家去。事实上，很多家里养狗的人就是因为孩子捡了狗回来，没办法才将它留下饲养。

英国人认为家畜自身不具备自律性，应该完全由人类支配。而正因为家畜是为人类所利用的从属性存在，所以反过来，人类负有照顾家畜的一切责任。亲手杀死不需要的狗和难以康复的病狗，是基于人作为支配者应当决定家畜的生死这样的想法。

所以，如果像日本人那样把狗丢弃的话，就会被指责没有尽到人类应尽的责任。因此对他们来说，让狗安乐死是对待狗的正确方式。一言以蔽之，这是彻头彻尾的以人类为中心的动物观。什么是残酷，什么是不残酷，都由人类来决定。所以欧洲人所说的残酷的概念通常仅适用于恒温动物。

因为狗在日本遭到丢弃而伤心的英国妇女会坦然地说，煮虾时将活的大虾投入滚烫的热水里煮最好吃。另外，不为了吃，为了享受乐趣而钓鱼也不算残酷。和巨大的旗鱼在海上奋力拼斗好几个小时是很酷的体育运动，而不考虑鱼会不会痛苦。

当然，无论是英国人还是日本人，一般人都不会明确意识到我刚才所说的动物观和生命观。如果问他们的话，可以给出各种各样的理由，但在无意识中影响人类行为的基本价值体系的框架，实际上隐藏在深处。

日本南极考察队被冰雪困住，好不容易乘坐直升机脱离危险时，将带去的桦太犬①丢在了原地。也许有人还记得，当时，日本自不必说，外国也对此发出了谴责的声音（我认为，谴责他们没有考虑到对南极生态的破坏有一定的正当性，但在这里不考虑这一点）。

队员们只是不忍心杀死心爱的狗。谁也不认为留下的狗能活到第二年，但即便那样也下不了手。然而结果如何呢？第二年考察队再次到达昭和基地时，有两条狗还活着。队员们肯定觉得幸好没有将狗杀掉。与以人为本、以人为中心的家畜处置法不同，至少从狗的幸福的角度考虑，日本人这次处置动物的方法更胜一筹。

---

① 一种产于日本的雪橇犬。

　　本节开头用实例详细论证了日本人在训练狗、让狗服从于人的意志方面，与英国人相比是何等的拙劣。但这样看来，日本人压根就没有想过要牢牢控制狗。换言之，日本人认为让狗服从人类，原本就是不可能实现的。

　　对于日本人来说，既然养了狗，要是它能遵从主人的意志、听话的话，那当然也是再好不过。但这只是人类一方的希望和期待，日本人并不认为将狗训练成这样是主人对狗的义务和责任。更不用说主张这样训练能带给狗幸福的观点，这种强加于狗的、以人为本的立场，一直以来就与日本人无缘。

　　当然，一种文化、一个民族特有的动物观并不是固定的、确定不变的，内容也不是单一明确的。英国人将狗训练得近乎完美的原因之一，是他们自古以来就拥有相当发达的畜牧文化，精通驯化家畜的方法。另外，由于气候风土的关系，狗和人必须共同生活在封闭的房屋内，如果不严格训练，人的生活节奏就会被打乱。

　　与此相对，日本人没有值得一提的家畜文化，房屋也是开放的。由于高温潮湿，和狗一起住既没有必要，也没有益处。因此很难产生人类和狗共享狭小空间的共存模式。

　　另外，毋庸置疑，宗教方面的因素也起到了一定的作用。众所周知，基督教不认为动物有灵魂，但日本人自古以来的宗教具有强烈的万物有灵论和巫术的观念，在此基础上还有佛教的轮回思想。

　　这种彼此的世界观的差异，一言以蔽之就是断绝思想与连续思想的对比。站在前者的立场上来看，人的优势地位是决定性的，站在后者的立场上则只是相对的。

　　英国人从以人为中心、原点的立场出发，给每种动物分配了相应的角色，不根据它们的角色适当地对待它们，就是残酷。而对日本人来说，残酷是与没有意义的杀生相关的概念。

忽视价值体系的概念吸收

尽管我是语言学家,对哲学和宗教都不甚了解,却还是提出了上面的话题。这是因为我对至今仍未绝迹的这种态度感到不满:忽视赋予词以意思的价值体系的不同,将只有在西欧文明框架内才有效的各种概念直译成日语,以极为粗线条的方式来比较彼此的优劣。

如此长时间、如此深入地研究了欧洲的日本人,却有太多令人大跌眼镜的行为。认为只要有词典和语法书就能学会外语的想法真是大错特错。"'cruelty'是'残酷'的意思"式的知识可以说有百弊而无一利。

有关"残酷"的概念,如果只用狗的例子来讨论的话未免失之偏颇,所以接下来我们来考察一下马吧。现在,虽然在城市里已经很少看到马的踪影了,但是还有作为体育运动的骑马、观光景点的出租马,以及人气日益看涨的赛马等。毫无疑问,马是日本人所喜爱的动物之一。

年纪稍大的人应该与马有过更多接触,如耕作田地的马、拉车运货的马、军队里的马,还有以前的马车等。

像这样有着各种各样接触马的经验的普通日本人,即使到了英国,他们拥有的关于马与人的接触形态的基本概念,也不会从根本上发生颠覆性的改变。

话虽如此,日本人可能会认识到,骑马运动在英国远比在日本重要,也会了解到关于德比赛事的各种新知识。但是,日本人很少会感到,英国人和日本人对马的态度和想法,在根本上有所不同。

这是因为诸如"日本有马车,欧洲也有;日本用马耕地,欧洲也一样"这类相对应的地方太多了。那么,我们假设有一个逗留伦敦的日本人,在冬天某个寒冷的日子,突然想和朋友一起就着马肉喝一杯。在日本,马肉因为呈粉红色,被称为樱肉,价格便宜,人们普遍认为吃马肉能暖身子。香肠和压制火腿里自然掺了马肉，据说甚至连便宜的牛肉里也掺入了大量马肉。

正因为如此，日本人即使想在伦敦吃马肉也并不奇怪。然而，如果去附近的肉店，对老板说"请给我三磅马肉"，结果会怎么样呢？肉店老板必定会一脸不悦或生气地回答"我们不卖那种东西，卖不了"之类的。这是为什么呢？

答案令人吃惊：在英国，人们不吃马肉，而且严格规定普通肉店（butcher）不能出售马肉。[1]

现在的英国人似乎将马与狗并列，看作人类的朋友。吃马肉几乎会引起等同于吃人（cannibalism）的厌恶感。

因此，日本人如果对肉店老板说"请给我马肉"的话，可不只会被认为是口味怪异之人，还很有可能会让对方觉得日本人是异常残酷的人种。

在社会生活中，日本人和英国人使用马的方式、对马的定位没有太大差异，但在情感领域，两者对马的价值定位却完全不同。我曾向有英国旅行经历或长期生活经历的人询问过英国人对马肉的看法，但是没有一个人知道我上面所说的内容。这再次让我们认识到，察觉"隐性文化"是何等困难。

外国的事情，确实有很多是不去就无从知道的。但是，即使去了外国，不，即使在那里生活了很长一段时间，有些东西也未必能够知道，那就是"看不见的文化"。观察者如果没有基于自身文化的问题意识的话，有很多事情即使在那里也看不见。

纯自然科学的概念另当别论，社会科学和人文科学领域使用的大部分概念，都是基于特定的社会和文化中的各种事实和现象，进行概念化和形式化的产物。在这个意义上，可以说这些概念具有显著的经验性特征。

我们日本学者和知识分子使用的这些领域的概念，大都或多或少来自西欧，这是不容否认的事实。因此，这样的概念，其价值是基于西欧的社会现实的,在这个意义上,概念本身不是客观独立的存在,不直接具有普遍价值。

尽管如此,至少在我看来,起源于西欧的诸多概念,有不少已经在不知不觉中,作为具有普适性的概念被日本人所接受了。

其原因正如我在各处反复强调的那样,是对语言本质的理解不够充分。

若将语言比作冰山的话,露出水面的部分约占全部体积的七分之一,剩下的七分之六是沉在水面下看不见的。

能够通过语言概念化的那部分现实,正可以看作露出水面的部分。然而,对那些创造了某个概念的人们来说,这个表露出来的部分是隐藏在水面下的那部分的上层结构,这一点可以说是不言自明的前提。可以认为看不见的部分是基石,赋予明确显示出来的部分,即概念以固有价值。

不难理解,假设有 A 和 B 两座冰山,它们水面上可见的部分形态几乎相同,但各自水面下那部分的形态未必相同。

对那些基于西欧的社会、文化现实的概念,我们在词的层面套用日语里既有的概念来与之对应,或是造出新词来表示它时,往往只关注明确显示出来的部分的对应关系。我们不仅没有看到对方概念的水下部分,一般也意识不到己方概念的水下状态。

因此,当我们使用这种基于对比的概念来抨击日本的现实时,自然就会不可避免地出现问题。

衡量日语的尺度是日语本身

抽象的讨论暂时告一段落,将目光再转向语言学领域吧。在这个领域,我可以明确地说,像上述那样,基于与日本现实不符的外来概念的、不伦不类的发言和研究随处可见。这就像希腊神话中的普洛克路斯忒斯之床，按照床铺的长度，强行将就寝之人的腿截短或拉长。

　　无论是文字问题[2]、音韵问题[3]，还是语法问题，直接用西欧语言作为衡量尺度，就会出现一些不好处理的问题。于是就有很多人非要说日语很不方便，没有逻辑等。我曾经将日本人的这种精神结构称为"向错误对象的自我同化现象"。[4]

　　我认为，衡量日语以及日本现实的尺度应该是日语本身、日本的现实本身。如果要与源于西欧的尺度进行对比，实现一般化的话，那只有在同时包含两者、能够同时说明两者的更高维度上才有可能。挪用西欧的尺度随意地进行一般化是行不通的。

　　作为本章所述观点的一个实例，我想在下一章介绍一下我在过去几年里围绕"表示人的词"这个问题所进行的研究的概要。

　　注释：

　　1. Leach，Edmund："Animal Categories and Verbal Abuse" in *New Directions in the Study of Language*，ed. by E. Lenneberg，Cambridge，Mass.，1966.

　　2. 参照 Suzuki，Takao：*A Semantic Analysis of Present-day Japanese*，with Particular Reference to the Role of Chinese Characters，Keio University，1963，Tokyo.

　　3. 参照鈴木孝夫「音韻交替と意義分化の関係について——所謂清濁の対立を中心として——」『言語研究』第四十二号、日本言語学会、1963 年、東京。

　　4. 参照鈴木孝夫「日本人と日本語」『言語』第二卷第一号、大修館、1973 年、東京。

六　表示人的词

怎么指称自己与说话对象

我们在用语言进行对话时，有一件必须做的事情。那就是要表明到底是谁在和谁说话。

例如，当你询问以英语为母语的人，在他们的语言里，说话人会用什么词称呼自己时，对方一定会回答"I"或"me"。问法国人的话，则会回答"je""me""moi"等。

如果接着问用什么词称呼说话对象，对方会告诉你英语用"you"，法语用"tu"和敬体的"vous"等。

像这样，在欧洲的许多语言里，表示说话人和说话对象的词的结构大同小异，都是由被称为人称代词的、数量极为有限的词构成的。在西欧语言的语法中，第一人称代词是表示说话人的词，第二人称代词是指代说话对象的词，这种结构时至今日仍广泛通用，上面所述的语言事实也证明了这点。

明治初期，近代日语语法的先行者们仿效西欧语言语法的分类，将日语中"わたくし/我""ぼく/我""おれ/我"等词命名为第一人称代词，将"あなた/你""きみ/你""きさま/你"等一连串的词称为第二人称代词。考虑到当时语言学的发展阶段，这也不无道理。日语的

第一、第二人称代词数量多且用法复杂，日语的第三人称代词不发达等论述，至今仍出现在各类语法书籍中，正是因为以西欧语言语法为基础的观点延续到了今天。

近年来，我反复在各种场合主张，把日语中的"わたくし""あなた""ぼく""きみ"等作为人称代词处理，是不加批判、囫囵吞枣地吸收从其他语言研究中得出的说明原理的结果，而这些语言与日语在许多方面存在结构上的不同。这样的处理方式与日语的语言事实并不相容，是错误的。[1]

1 怎么指称自己

确实，在英语里，除了特殊情况，人们在说话时，原则上称自己为"I"，称对方为"you"。[2]但是日语的情况则完全不同。比如现在的日本，父亲在家里和孩子说话时，常把自己称作"おとうさん/爸爸"或"パパ/爸爸"。一般会说"おとうさんの言うことをききなさい/听爸爸的话"，而不说"僕（または私）の言うことをききなさい/听我的话"。侄子、侄女等来访的话，又自称"おじさん/叔叔"，说"クリスマスにおじさんが自転車をプレゼントしよう/圣诞节时，叔叔送你辆自行车作为礼物吧"。另外，祖父母对孙子、孙女，有时甚至对儿子和儿媳妇也会用"おじいさん/爷爷""おばあさん/奶奶"来称呼自己，说"おい、ちょっとおじいさんの肩を揉んでくれないか/喂，能帮爷爷揉一下肩膀吗"。

小学老师会对学生说"さあ先生の方をむいて/来，面向老师"；医生和护士面对儿童病患，甚至会用"おいしゃさん/医生"和"看護師さん/护士"等职业名称来称呼自己。另外，在女孩子中比较常见的是不用"私"，而用自己的名字来自称，如"由美はこれ嫌いよ/由美讨厌这个"。

2　怎么指称说话对象

指代说话对象,也不一定总是使用"あなた""きみ"这样的人称代词。实际调查一下会发现,使用人称代词的情况,反而极其有限。

比如,对自己的父母、哥哥、姐姐这样的家中长辈,绝对没有人会使用"あなた"这样的代词吧。和学校的老师、公司的上司说话时,一般称对方"先生/老师""課長(さん)/科长"等,不会用"あなた"。"あなた"虽然算不上敬语,但与"きみ""おまえ/你""きさま"等词相比,是较文雅的词。但即便如此,实际上很难对长辈和上级使用。稍后会详细说明,在现代日语里,可以对长辈和上级使用的人称代词几乎不存在。"あなた様/您"等词,与其说单纯表示对方是长辈或上级,其实更多的含有对没有亲密交流的人敬而远之的意思,对能够具体、明确定位的长辈或上级,是不能用这个词的。那么,不能用人称代词的话,究竟要用什么样的词来指称说话对象呢?

和指称自己时一样,这种情况下也经常使用表示亲属关系的词。"おとうさん""おかあさん/妈妈""おじいさん""おばさん/阿姨""にいさん/哥哥"等词伴随着各种各样的变形、爱称、缩略形式,被频繁地用于代替代词。而且如后面详细叙述的那样,这些词还经常被延伸用于实际上并没有亲属关系的陌生人。

像老师、医生、护士这样的职业名称,也可以用来指称说话对象,这和说话人自称时一样。这种用法还扩展为"～屋さん/～店,表示从事某种买卖或职业"的形式,几乎可以将所有的职业名称对称词[3]化。如果知道对方的职业,就可以用"八百屋さん/蔬果店""電気屋さん/电器店""ごみ屋さん/垃圾收集员""植木屋さん/花木店,花匠""左官屋さん/泥水匠"等直接称呼对方,而不用使用任何人称代词。在服务行业中,"お客様(さん)/客人"也被广泛使用。

总之,与欧洲语言相比,现代日语中的第一、第二人称代词虽然数量较多,但实际上却几乎不怎么使用。日本人倾向于尽量避免使用人称代词，而用其他词替代它们，展开对话。与此相比，欧洲的语言只有一两个人称代词，但是欧洲人只要一开口就一定反复使用它们，可以说与日语有着显著的不同。

"说话人称呼自己的词是第一人称代词、称呼说话对象的词是第二人称代词"，如果将这种西欧语言语法的思路原封不动地移植到日语中，就会出现不可思议的结果：日语里大部分亲属名称、职务名称以及数不清的职业名称等，都变成了人称代词，而关键的"わたし""あなた"等词反而淡出了。

仅仅从以上事实也可以清楚地知道，将"わたし""おれ"和"おまえ""あなた"等称为人称代词，脱离了日语的实际情况，只不过是将与日语性质不同的其他语言中的语法概念直译式地移植到日语里罢了。

如上所述，日语中狭义的人称代词，不管是在词法上还是功能上，都没有形成一组独立于其他词汇的词群。因此，将它们单独分离出来也没有意义，还不如将它们与亲属名称、职务名称等放在一起，从表示说话人自己的词，以及表示说话对象的词这个上位角度，将它们称作"自称词""对称词"更为恰当。至于对话中出现的指代第三者的词，可以称为"他称词"。[4]

因此，人际关系中的自称词、对称词（以及他称词）的问题，用一般的语言来表达的话就是：对"在某个特定的语言社会中，人们在什么情况下，用什么词称呼自己和对方"进行实证主义的研究，厘清其中的语言社会学规则。接下来，我将基于这样的观点，主要阐述现代日语中的情况。但是在此之前，为了明确分析的出发点，我想简单地说明一下欧洲各种语言中的人称代词的性质及历史背景等。

欧洲语言人称代词的历史背景

1 欧洲语言是兄弟关系

前面使用欧洲语言、西欧语言等稍欠严谨的名称所述的各种语言,指的是语言学上称为印欧语系的语言集合体。在很久以前,它们是一种统一的语言,随着时代的发展,由于各种原因分化为各种语言,时至今日,成为分布区域广泛的一大语系。以我们熟悉的英语、德语、法语为代表,还包括北欧诸语言(但是芬兰语除外)和斯拉夫诸语言,还有希腊语、波斯语以及印度的一部分语言。

正因为有相同的起源,所以如今在这些语言中仍然能看到很多相同的单词和表达方式。例如,表示母亲的单词在这些语言中的形态至今仍然非常近似,英语"mother"、德语"Mutter"、法语"mère"、西班牙语"madre"、俄语"mat'",即便是外行也很容易看出它们的近亲关系。

另外,现在表面上看没有什么相互对应关系的词,如果按照时代顺序回溯调查古代文献和资料的话,也会发现很多词以前有极为相似的形态,拥有相同的起源。

例如,在属于日耳曼语族的英语中,表示父亲的词是"father",在同属日耳曼语族的德语中是"Vater"。这两个词词头的发音都是 f,形态上相似,所以较容易判断它们的起源相同。然而,在印欧语系的其他语族,比如罗曼语族的法语和西班牙语中,"父亲"分别是"père"和"padre"。承认以 p 开头的这两个词有共同的起源,不会让人感到抵触,但是对于前面的日耳曼语族以 f 音开头的"父亲"和罗曼语族以 p 音开头的"父亲"之间有近亲性这一点,也许有人会抱有疑问。

然而,如果用比较语言学的学术方法,对属于这两个语族的各种语言现存的古代资料进行详细的比较研究的话,可以推测出日耳曼语族的语言在远古时代,词头的 p 音全都变成了 f 音。另一方面,法语和西班牙语中以 p 开头的"父亲"都来自拉丁语的"pater",而"pater"和古日耳曼语中表示父亲的词有非常相近的形态。

用同样的方法我们还知道了英语的"fish/鱼"、德语的"Fisch/鱼"和法语的"poisson/鱼"、西班牙语的"pez/鱼"有对应关系。

以上通过实例极其简单地介绍了欧洲大部分语言有共同的起源,形态及词义上相互对应的词现在仍然随处可见。其实,人称代词也存在同样的情况。

2　同一性的延续

例如,在现代英语里,表示"我"的词,不用说就是"I"。这在德语里是"ich",荷兰语里是"ik"。这三者看上去似乎没有明显的共性,但实际上并非如此。英语中的"I"在近代是小写的"i",发音也不是〔ai〕而是〔iː〕。再往上追溯的话,中世时词尾有辅音,读作〔itʃ〕或者〔iʃ〕。而在英语最古老的文献资料即古代英语里,它被写作"ic",发音接近〔ik〕。

这样看来,英语"I"与德语、荷兰语的第一人称代词拥有相同起源是毋庸置疑的。最终我们认为,这些日耳曼语族语言的第一人称代词在最古老的阶段,大概接近"ik"。

另一方面,让我们把目光再次转向罗曼语族。现在,法语中的"我"是"je",西班牙语中是"yo",意大利语中是"io"。这些"我"都是从拉丁语的"ego/我"分化而来的。而拉丁语的"ego"、希腊语的"egō/我"等词,又和前面提到的古日耳曼语族的推定形式"ik"汇合为一个词。再综合考虑其他语族的资料,可以认为,在印欧各语言最古老的阶段,"我"应该是与"egō"拥有相近要素的词。

关于印欧语系各种语言的第一人称代词,我想说的是,在现代的西欧各种语言中,"我"这个词的词形看起来各不相同,但事实上,如上所述,这些词都可以追溯到同一个源头。

而且我想说,乍看如此简单的事实,其实值得惊叹。因为这意味着在印欧语系的语言里,同一个第一人称代词历经几千年一直连续不断地被使用着。换言之,如同婴儿长成少年,再变为成人,虽然外形变化很大,但人物的同一性却没有变一样,在西欧语言里,历史上第一人称代词的同一性也从没有变过。

这一点迄今为止没怎么受到关注,与接下来将详细叙述的日语的情况进行比较的话,两者正好相反,形成了鲜明的对照。

与第一人称代词相比,印欧语系各种语言的第二人称代词的历史稍微复杂些。但是如果省略一些细节的话,最古老的词似乎与"tu"相近。而且,现在罗曼语族的各种语言,几乎都保留了这个原始形态,比如法语、意大利语中的"tu"。除此之外,俄语中也有"tui",德语中的"du"也只是词头的辅音有声化(浊音化)了。甚至在英语里,这种古老的形态直至最近还以"thou"的形式保留了下来,但这个词现在已经变成了死语。

在现代的西欧诸语言里,第二人称代词增加了"tu"系统以外的词,确实多少使情况变得更复杂了。但即便如此,仅仅就"tu"系统的词而言,可以说和第一人称的情况完全一样,词的同一性延续了几千年。

日语人称代词的历史背景

1　人称代词的变迁

欧洲诸多语言的第一、第二人称代词有几千年的历史,与此相比,日语人称代词的生命很短,两者形成了鲜明的对照。现代标准日语中的所谓第一人称代词"わたくし""ぼく"等,不仅不能追溯到古

代日语,像"ぼく"这个词,在口语中使用的历史不过百年有余,还是新词。指称对方的"きみ""おまえ""あなた""きさま"等也是,暂且不论其作为词的历史,但作为人称代词,其历史同样无法追溯到古代。

在日语中,历史上表示自己的代词和表示对方的代词一个接着一个不停地更替变换。而且需要注意的是,新的代词往往是转用了原本具有某种具体意思的实词。

现在的标准日语中使用的表示自己的词"わたくし""ぼく"和表示对方的词"きみ""きさま"等就是例子。另外,"あなた""おまえ""こちら/这位""どなた/哪位"等指代人的词,原本也是表示场所和方向的指示代词,转用后间接表示在那个地方的人,是一种暗示性的、迂回的用法。

这与前面提到的印欧语系的语言大不相同。比如拉丁语的"ego""tu",英语的"I""you"等,无论回溯到何时,它们都是专门表示说话人和说话对象的词。

佐久间鼎是第一个详细论述人称代词的历史更替问题的学者。[5]他的研究,不仅使我们清楚地知道了日语人称代词的变迁是多么巨大,而且揭示了如下值得关注的关于代词荣枯盛衰模式的事实。

所有表示说话人自己的代词,在刚开始使用时,都有在对方面前贬低自己的意思,但是随着使用时间变长,渐渐地用于表现说话人傲视对方的态度,最终变成只能在蔑视对方时使用,从一般的使用中分离了出去。

例如,"僕"在江户时期主要是在汉文中使用的书面语。它的意思自然是"你的仆人",是贬低自己的。到了明治时期,它在口语中普及。然而,在约一百年后的现在,这个词成了面对长辈和上级时,以及在郑重场合最好不要使用的词。

1952年5月,日本国语审议会曾以《今后的敬语》为题,向文部大臣提出过建议。其中,在"**指称自己的词**"的第三项里指出:"ぼく"是

男性学生的用语,步入社会后,要改用"わたし",这一点在教育中要加以提醒。另外,在**"指称对方的词"**的第三项中是这么表述的:"きみ""ぼく"是只用于亲密的朋友关系中的用语,一般应使用标准形式"わたし""あなた"。由此可见,"ぼく"至少不被认为是对对方有礼貌的说法。

不过,这个审议会的建议与其说是基于对日语语言事实的正确观察,倒不如说更多的是基于占领军的意见,试图抢先推进日语民主化,因此不能一概而信。但是,前首相佐藤荣作在国会答辩时总是使用"わたくし",在记者见面会、对谈等场合却使用"ぼく",由此可见,至少年长的人对这种区别是有明确感知的。

根据佐久间先生的研究,用于指称对方的第二人称代词的变化情况,与表示自己的第一人称代词完全相反。比如,"てまえ""きさま"[6]等原本是对对方表示尊敬的褒义词。随着使用,逐渐变成看轻对方的词,最终成为辱骂、鄙视对方的贬义词,以及只能在极为亲密的朋友关系里使用的粗俗的词。

上文提到日语的人称代词经历了激烈的荣枯盛衰,这不仅因为新词在不知不觉中代替了旧词,而且还因为词的尊卑关系发生了变化。

2 忌讳型变化

我把佐久间先生指出的这一日语人称代词的特色称为忌讳型变化。

语言学中的忌讳是指因宗教理由、恐惧感或羞耻心等,避免直接说出某个对象或事物的名称,在必须说出名称时,使用其他词来间接地表示该事物。

典型的例子如山村的人们把熊叫作"老爷子",斯拉夫人则称其为"medved'/吃蜜的"等,都不使用原本的名称。英语的"bear/熊"和德语的"Bär/熊",与"brown"有相同的词源,意思是"茶色的家伙",

是因禁忌而使用的替代表达。

忌讳词是基于间接暗示的迂回表达形式，一旦长时间使用，其暗示性就会消失，因此必须不断地用新词来替换，这是它的宿命。

现代日语中的所谓人称代词，用的不是直接指示自己和对方的词，而总是使用间接迂回的表达形式，而且在历史上频繁更替，这个事实正说明它具有忌讳性。确实，就像前面提到的那样，日本人在对话中尽量不使用人称代词的倾向时至今日仍然很明显。

如果将这个事实与在印欧语系的诸多语言里，同一个人称代词持续使用了几千年这点放在一起比较，那么自然会怀疑将两者归为同一语言范畴，都用人称代词的名称来称呼它们是否合理。

日语自称词与对称词的结构

1　何谓自称词，何谓对称词

下面我们接着探讨在现代日语（主要是东京方言）中，自称词（terms for self）和对称词（address terms）的使用具有怎样的规则。在此之前再确认一下自称词、对称词的含义。

自称词包含说话人指称自己时所用的所有词。因此，如前所述，所谓第一人称代词只是自称词的一小部分。

对称词是指称说话对象的词的总称，包含性质稍有不同的两种用法。

第一种被称为呼格用法（vocative use），在想引起对方注意或想向对方倾诉感情的时候使用。这种用于呼唤对方的词，以前在印欧语系的语言里是名词的格变化的一种，被称为"呼格"。例如，在拉丁语中，"dominus/主人"这个名词的呼格是"domine/主人啊"，而在希腊语中，则分别是"κύριος"和"κύριε"。在当今欧洲的诸语言中，呼格这种形式上的区别几乎消失了。日语在表示名词的呼格用法时，经常使用例如"父よ/爹啊"这样的表达方式，但这至少不能说是现代的口语用法。

在呼格用法里，还包括为了表达对对方的爱意或者愤怒，用各种动物名称称呼对方的情况。在欧洲和土耳其，会用"云雀""猪崽""雏鸟"等称呼自己喜爱的对象，在日本也会将讨厌的人叫作"狗""猪""狼"等。对这类表达爱憎的呼格进行比较文化学研究也非常有意思，但在此不深入展开。

对称词的第二种用法被部分欧美人类学家称为代词用法（pronominal use），[7]指的是在某个句子里作主语或宾语的词，在内容上指代对方的情况。在印欧语系的语言里，谈及对方的句子的主语或宾语通常使用第二人称代词，所以有了这个名称。例如，孩子对母亲生气时，英语说"I hate you/我讨厌你"，日语则说"お母さんなんて嫌い/（我）讨厌妈妈"。这里的"you"和"お母さん"就是代词用法的对称词。

那么，接下来我们看一看上述自称词、对称词在日语里是按照怎样的规则使用的。

图 9 展示了对一位四十岁的小学老师进行调查的结果。

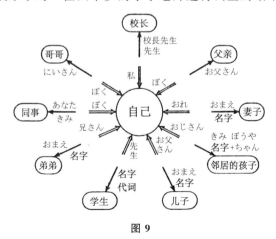

图 9

图 9 并未涵盖所有词,只记录了调查对象针对"一般情况下怎么称呼"这个问题给出的答案。同一个人物有两个及两个以上称呼的,是记录了调查对象脱口而出的词,他根据具体情况区别使用这些称呼。

在这个例子里,调查对象使用了以下七个自称词:"わたくし""ぼく""おれ""おじさん""おとうさん""先生""兄さん"。对称词除了"あなた""おまえ""きみ"等代词之外,还使用了名字、"おとうさん"、"にいさん"、"先生"、"ぼうや/小男孩"等。

考虑到调查对象缺少某些亲属(例如祖母),而且如果进一步扩大对话范围的话,应该还会出现其他对称词,因此,这里列举的称呼当然不是这个人使用的全部对称词和自称词,但可以认为已经基本囊括了重要的称呼。

通过对各种年龄、地位、职业的人士进行调查,我发现了当今的日本人在使用自称词和对称词时遵循的严密规则。[8]

在根本上支撑这种规则的是长辈(上级)和晚辈(下级)的对立概念。从一般敬语组织的角度来看,这也是理所当然的。在作为人际关系用语的自称词、对称词的用法中,我们确实可以看到清晰的上下分界。

还有一个发现就是日本人的对话,即便是社会语境的对话,最终也可以看作亲属间对话模式的扩展。

2　亲属间的对话

正因为如此,我们首先来分析亲属间的自称词和对称词的结构。

为了便于说明,在图 10 中展示了亲属(家庭)内部的上下级人际关系。在日本社会里,属于自己之上的代际中的人都是长辈,与自己同一代的人,则根据年龄决定长幼。但是,在夫妻之间,年龄差异没有太大意义,孰占优势由其他因素决定,在这里暂且把他们作为同位者考虑。

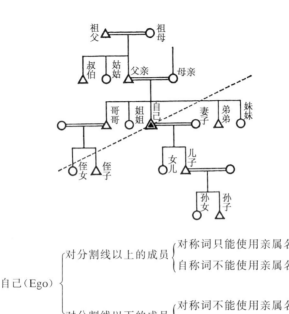

图 10

（一）说话人（自己）不能用人称代词直接称呼或提及位于上下级分割线之上的亲属。

比如称呼自己的父亲"あなた"很奇怪，也不能问他"この本あなたの？/这本书是你的？"对哥哥和姑姑说话时也一样。

与此相反，对分割线以下的亲属，可以用人称代词来称呼或提及。

（二）说话人对分割线以上的人，一般使用亲属名称称呼。

可以用"お母さん"称呼自己的母亲，或者对祖父说"おじいさんのヒゲは長いね/爷爷的胡须好长啊"。

但是，对分割线以下的人，不能使用亲属名称称呼。

比如不能对自己的弟弟说"おい弟/喂，弟弟"，或对女儿说"娘はどこに行くの？/女儿去哪里？"

（三）说话人不能只用名字直接称呼分割线以上的人。

与此相对，对分割线以下的人，可以只用名字来称呼（在英语等语言里，可以仅用名字称呼自己的哥哥和姐姐，这一点与日语不同）。

（四）说话人对分割线以上的人可以用自己的名字自称，但对分割线以下的人通常不用自己的名字自称。例如，女儿会对母亲说"良子これ嫌いよ/良子我不喜欢这个"，但是母亲不会对女儿这样说。另外，虽然不是严格意义上的亲属之间的对话，但在以下引用的国木田独步《少年的悲哀》的一节中，男仆在面对主人的侄子时是用名字来称呼自己的。

> "记得我十二岁的时候，有一天，一个叫德二郎的仆人问我今晚要不要去一个有趣的地方。
>
> 我问：'去哪里？'
>
> '不要问我去哪里，哪里不都可以嘛，**德**带你去的地方没有不好玩的。'德二郎面带微笑地回答道。"

十二岁的少年"我"，在这个故事中将德二郎直呼为"德"。而德二郎在和一个熟识的似是陪酒女郎的年轻女子说话时，即使在这个少年面前也自称"私（わし）①/我"。

（五）说话人在对分割线以下的人说话时，可以用对方称呼自己的亲属名称来自称，但对分割线以上的人说话时则不能这样自称。

比如哥哥在和弟弟说话的时候，可以称自己为"兄さん/哥哥"，但是弟弟对哥哥说话时不自称"弟ちゃん/弟弟"。

因此，包含父母、祖父母、哥哥、姐姐、叔叔、伯伯、舅舅、姑姑、阿

---

① 男性在晚辈面前的自称，带有自大之感。

姨等概念的词,可以成为自称词,但是包含孩子、孙子、孙女、弟弟、妹妹、儿子、女儿以及外甥、外甥女、侄子、侄女等概念的词,在日语里不能成为自称词。

以上所述的内容里,(一)(二)(三)是关于对称词的规则,(四)(五)是关于自称词的规则。这五条规则都与上下级分割线吻合,构成亲属成员对话中自称和对称的使用规则。

当然,这些都是原则,不能完全保证在特定的家庭内不会因为某些理由而破坏这些规则(例如,近年在都市里,年龄相近的姐妹之间相互用名字称呼的情况也时有见到)。

上面讲到第五条规则时,使用了"包含父亲概念的词"这样的表达。这是因为在实际对话中用于自称和对称的词,是由社会阶层、年龄以及家风等各种条件决定的,没有固定形式,如"お父様""お父さん""父さん""パパ"等。其他亲属用语也一样。

不过有趣的是,在某个特定的亲属集团(家庭)里,晚辈称呼长辈时用的亲属用语,与该长辈自称时使用的亲属用语是一致的。也就是说,被自己的孩子称为"パパ"的父亲,对孩子说话时也自称"パパ",而不是"お父さん"。由此可以概括出以下这个一般化的事实。

在某个特定的亲属集团里,长辈会用晚辈称呼自己时所用的对称词来自称。

3 社会情境中的对话

亲属(家庭)内部对话中使用自称词、对称词的原则基本上可以直接扩展用于家庭外的社会情境中。

(一)例如,一般情况下,我们对自己的老师或上级不能用"あなた"这样的人称代词来称呼。可以说"先生の奥様おかげんいかがですか/老师您太太身体好吗",但不能说"あなたの奥様……/您太太……"。相反,科长可以问部下"きみの奥さんよくなったかね/你夫人好些了吗"。

（二）社会上普遍使用老师、科长等职业、职位名称来称呼上级。但是老师不能招呼学生说"おい生徒/喂，学生"，这与家庭内部哥哥不能对弟弟说"おい弟/喂，弟弟"是同一个道理。[9]前辈、后辈这种成对概念的使用规则也一样，后辈可以对前辈说"先輩ひとついかがですか/前辈来一个怎么样"，但是反过来就不能说。

（三）名字（姓氏）的使用，也严格遵守上下级分割线的规则。只用姓氏称呼老师或上司是相当罕见的，使用名字的时候必须像"田中先生/田中老师"或"山田課長/山田科长"这样，加上职业、职位名称（不过最近在所谓民主的公司里或对不拘小节的老师，像"田中さん/田中先生""山田さん/山田先生"这样只使用姓氏称呼的现象也司空见惯了）。

（四）说话人对上级说话时可以用名字（姓氏）称呼自己，可以说"課長、これはぜひ山本におまかせ下さい/课长，请无论如何将这件事交给山本我来负责"，但相反的情况则不行。这种用姓氏自称的用法，多见于有些戏剧性的、豁出去的情境。

（五）老师对学生可以用表示地位和资格的名称称呼自己，即称自己为"老师"，但是学生不能用"学生"自称。前文也提到过，医生、护士、警察等在对方是孩子的情况下，可以分别用"医生""护士""警察"等称呼自己。[10]"前辈"也可以作为自称词使用，比如"先輩がこれほど言っても分らんのか/前辈我说了这么多还不明白吗"。甚至连"客人"也可以作为自称词使用，在如下北条秀司的《阁下》这部戏曲里就有这种用法的例子。

时下名扬四方的日拓公司总裁阁下，突然要下榻山区的温泉旅馆。旅馆的主人自不必说，村长、站长、议员等乡土豪绅们兴师动众，做好各项欢迎工作，确保万无一失。然而，主人公——上了年纪的总裁却坐着一辆看上去明天就要报废的嘎吱作响的马车，翻越旅馆后面的山岭，到达了旅馆。这个其貌不扬的老头子，被安排住进了旧馆一个脏兮兮的房间。后来大家终于发现搞错了,慌忙将总裁阁下迎到大宴会厅,但不喜欢艺伎的老人却不知什么时候又回到了原来脏兮兮的旧馆房间。以下是吃了一惊的女仆小雪和总裁的对话。

> 小雪:啊,客人的房间换到新馆的别墅了。
> 总裁:真头痛,**客人**明明说了那么多次这个房间好。……就是刚才那个宴会厅吧。
> 小雪:客人,您这么早就回来了啊。
> 总裁:**客人**觉得这个房间要比大房间舒服得多。……

这位被称为阁下的老人只在少女小雪面前称自己为"客人",对其他人都使用"わし"。

亲属名称的虚构用法

对实际上没有血缘关系的人使用亲属名称来称呼,这在人类学中称为亲属名称的虚构用法(fictive use)。尽管程度上存在差异,但这种习惯在任何语言中都能见到。后面会讲到,英语中也有这种习惯。

但是在日语里,正如前述的那样,人称代词的使用受到极大的限制,所以可以说用亲属名称称呼陌生人的习惯特别普遍。最常用的是包含祖父、祖母、叔、伯、舅、姑、姨、兄、姐等概念的词,而包含父亲和母亲概念的词,至少在标准东京话中几乎不用。

在这种虚构用法上,日语也和西欧语言形成了鲜明的对照。这体现在日语中亲属名称不仅可以用于称呼对方,还可以用于指称自己。也就是说,日语中存在丰富的用作自称词的虚构用法。

虚构用法的一般原则是,说话人以自己为原点,想象对方如果是自己的亲属,相当于什么亲属,并选择与此关系相符的亲属名称,用作对称词或自称词。

比如说，年轻人称呼陌生老人"爷爷""奶奶"，称呼中年男子"叔叔"。另外，面对比自己年龄小的人，称呼自己"叔叔"或"姐姐"等。在NHK的儿童节目中，节目主持人都是用这种方式来称呼自己的（唱歌的阿姨、做体操的大哥哥等）。

尽管是虚构的，但是既然使用了亲属名称，那么原来用法上的各种限制规则也仍然适用于此。因此，不能使用表示晚辈（年幼者）的"息子/儿子""倅/犬子""孫/孙子""甥/侄子，外甥""姪/侄女，外甥女"等来称呼对方（只有"娘/女儿"可以用"娘さん"来招呼别人。目前我还没有找到决定性的答案来解释这个例外现象）。[11]

那么，日本人就不能用亲属名称的虚构用法来称呼明显比自己年龄小的人了吗？也并非如此。实际上，日本人通过巧妙的结构，回避了这个限制。

我们用一个具体的例子来分析。星期天，在公园里，一个小女孩因为找不到父母在哭。注意到这个情况的大人会对这个孩子说什么呢？"さあ泣かないで。**おねえちゃん**の名前なあに。誰と来たの。/快别哭了。**姐姐**叫什么名字啊？跟谁来的?"我们能很自然地想象这样的对话。如果迷路的孩子是男孩的话，就变成"おにいちゃん/哥哥"。

然后搭话的大人根据年龄、性别将自己称为"阿姨"或"哥哥"。接着说"おねえちゃんのパパ、**おばさん**が探してあげましょう/**阿姨**帮姐姐找爸爸吧"。

然而，这样再平常不过的对话，仔细想想却很奇怪。将自己称为"叔叔"，姑且可以用上述亲属用语的虚构用法来说明。但是，把小孩子叫作"姐姐"，就无法用单纯的虚构用法说明了。

所谓虚构用法，是假设和自己没有血缘关系的人是自己的亲属，要称呼"姐姐"，对方至少应该是比自己年长的女性。

这可以说是虚构用法的第二种用法，为了理解这种用法，有必要再次回到亲属用语原本的使用场所——家庭,重新仔细研究一下自称词、对称词的用法。这样我们就能知道,虚构用法的第二种用法说到底仍是家庭内部亲属名称用法的延伸。

1 第二虚构用法

如前文所述,与西欧语言不同,在现代日语(东京方言)的对话里,称呼自己和对方的词的复杂程度超出想象。但其中存在一以贯之的原则,而且是以家庭成员之间的自称词、对称词的模式为基础的。

但是,再仔细观察一下关键的家庭成员之间的对话就会发现,有一些亲属名称的用法,我们因为太过熟悉,所以完全不觉得有问题,但对于局外人,比如外国人来说却是非常不可思议的。例如,母亲将自己的孩子称为"哥哥";父亲不叫自己的父亲"爸爸",而称"爷爷"。

亲属名称原本是以使用者为原点来用的,在孩子看来是父亲的人,在妻子眼里则是丈夫。但在很多家庭里,连妻子都称丈夫为"パパ"或"おとうさん",想想都觉得很奇怪。

这里所举的例子里出现的亲属名称的用法,称为第二虚构用法。在这种用法中,说话人使用的词没有正确反映出说话人和说话对象之间的亲属关系。在这层意思上,与对着其他人的孩子,把自己称为"叔叔"或"爷爷"这种原本的虚构用法情况一致。

但是,用包含父亲概念的词称呼自己的丈夫,或者用包含姐姐概念的词对女儿说话时的虚构性,与将没有血缘关系的人假定为亲属的单纯虚构性是完全不同的。

为了理解这个差异,必须先知道亲属名称是一类特殊词汇,属于自我中心词。

2　作为自我中心词的亲属名称

假设我现在指着桌子上的铅笔问别人"这是什么"，对方一定会回答"是铅笔"。同样地，如果我指着房间角落里缩蜷成一团的猫，问那是什么的话，想必对方会回答"是猫"。

从这类例子中可以看出，很多情况下表示某个特定事物（现象）的词（事物、现象的名称），对所有人来说都是相同的，不会因人而异。实际上，为了让语言成为人与人之间传达信息的手段，在社会上通用，就必须如此。如果不用同一个词（记号）来对应同一个对象，就会引起混乱。

但是，并不是所有的词对所有人而言都表示同一个对象。换言之，完全相同的事物或对象，根据使用词的人所处的立场不同，有时会有不同的名称。

再用铅笔的例子来说明这个问题吧。我指着铅笔问"这是什么"，通常情况下，对方会说"那是铅笔"。也就是说，对于同一个对象铅笔，我称之为"这"，而对方却说"那"。像这样，"这个""那个"等指示代词，会根据所指对象和使用词的人的关系不同而有所变化。想来像"左"和"右"这样的词也具有同样的性质。我所说的左，对于面朝我的人来说是右。在语言里，有不少像"这""那""左""右"这样的词，不弄清词的使用者以及使用者与对象之间的关系，就不能确定这个词到底具体指的是什么。因此，就会出现同一对象用不同的词来表示的情况。这类词被称为自我中心词（egocentric particulars）[12]。

与此相对，类似"铅笔""猫"这样普通的词，就是社会中心词。在使用日语的社会中，"猫"这个词指的就是某个确定的对象物，即使使用的人不同、立场不同，猫还是猫。

也就是说，这些词的使用规则是由社会决定的。而像"左"和"右"，对谁来说是左，是谁的右，在确定"谁"这个词的使用者之前，是没有具体内容的，所以这类词被称为自我中心词。除了以上列举的之外，自我中心词还包括很多与时间、空间相关的词，如"远""近""前""后""现在""昨天""这里""那里"等。

像"我""你"这样的人称代词也可以说是自我中心词。"我"是说话人指称自己的词，如果对方开始说话，那么之前说话的人就变成了"你"，而之前的"你"则变成了"我"。

同样，所有亲属名称也都是自我中心词。假设这里有一位男性，这个人对自己的孩子来说是父亲，在妻子看来是丈夫，而在他父亲眼里则是儿子。像这样，因为和他有亲属关系的各种人的立场不同，所以同一个人被用不同的名称称呼。因此，越是扩大亲属关系的范围，称呼同一个人的不同名称就会越多。

之所以在这里比较详细地说明了亲属名称是自我中心词这一点，是因为在日语对话中使用的亲属名称常常不是作为自我中心词，而是以非常特殊的用法来使用的。这可以认为是现代日语的显著特征，而且这种亲属名称的用法，实际上与日本人的某种行为方式有对应之处。

3 以孩子为中心的亲属名称用法

想象一下这个场景：晚饭时间，丈夫回家晚了，家庭主妇对着孩子抱怨"爸爸好晚啊，怎么回事"。如果是孩子说"爸爸好晚啊"，自然没有问题，但是母亲说这句话，其实很奇怪，这点前面已经提到过了。因为"爸爸"是亲属名称，所以主妇说"爸爸"的话，从逻辑上讲是指她的父亲，也就是孩子的外公，这句话就变成了"外公回家晚"的意思。但是没有人会这么误解，也绝对没有人会认为这个表达本身不合理，在日本的家庭里，这是理所当然的表达形式。

但是教过我土耳其语的麦吉尔大学（加拿大）的土耳其社会学家尼亚兹·佩尔凯斯听我说了这种用法后非常吃惊，开玩笑地对我说："自己的丈夫同时又是爸爸，这简直是乱伦啊。"他还说在土耳其语中绝对不会这么说。那么，在孩子面前，妻子怎么称呼丈夫呢？要说"你爸爸好晚啊"。在土耳其语中，父亲是"baba"。妻子在孩子面前提到丈夫的时候，会在"baba"后面加上表示"你的"的所有接尾词"n"，即"baban"，表达"是爸爸，但不是我的，而是你爸爸"的意思。像这样，在土耳其语中使用不以自己为原点的亲属名称时，必须明确"谁的"这一原点。[13]

从这个土耳其语的例子来看，是不是可以认为日语中省略了相当于"你的"的词呢？

这个解释暂且不论有没有道理，首先就让人觉得这不符合日本人的语言直觉。看看下面的例子就清楚了。

这是我在东京乘坐山手线到达新宿站时发生的事情。车内的乘客差不多都下车了，座位刚一空出来，立刻就有新的乘客鱼贯而入。一位老妇人快步走到我旁边坐下，然后用手掌拍打着自己旁边的座位大声嚷道："妈妈，坐到这儿来！"紧接着乘客中一个抱着婴儿的年轻女性走了过来，坐在老妇人的旁边。很明显，母亲刚才对着自己的女儿叫了"妈妈"。

这种直接的呼唤，恐怕已经无法用"是'谁的'妈妈这一表达省略了'谁'"来解释了吧。也难怪佩尔凯斯教授会说日语是疯狂的语言，竟称呼自己的丈夫爸爸、自己的女儿妈妈。

日本人在家庭成员之间使用的这种乍一看不可思议的亲属名称虚构用法还有很多，都是日本人耳熟能详的用法。

对此，我提出了以下解释。[14]妻子之所以能在孩子面前称丈夫为"爸爸"，是因为她在心理上将自己调整到了孩子的立场上。她从孩子的立场重新审视了从自己的立场来看是丈夫的人。也就是说，她把自己使用的"爸爸"这个自我中心词的原点转移到了孩子身上。因为从孩子的角度来看要叫"爸爸"，所以她也叫"爸爸"。此时重要的是，她在心理上和孩子保持同步，将自己的立场与孩子的立场同一化了。我把向孩子的立场、孩子的视点靠拢这一行为称为移情认同

（empathetic identification）。

这种现象在语言使用中，并非别无他例。

例如，在学校，体育老师向学生发出号令的时候，可以看到完全相同的立场同一化现象。面对排成一列横队的学生，老师如果想让学生朝自己的左边转，就必须如图 11 所示，发出"向右转"的号令。这位老师所说的"右"，并不是以自己的立场为基准原点的、普通的自我中心词"右"，而是考虑了学生的立场，调整自己，与对方一体化，在此之上使用的"右"。没有经验的新老师做不到这一点，不知不觉把自己作为原点，说成"向左转"，结果学生们转向了意想不到的错误方向。

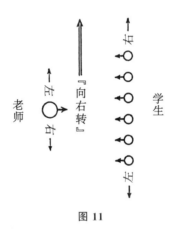

图 11

我把这种说话人将自己以外的人的立场作为原点，并且不明确表示出原点的自我中心词用法，称为自我中心词的他者中心用法（allocentric use）。如果像"你的左边""你的后方"这样，明确表示出谁是原点，就是原本的用法。

家庭内部使用的日语亲属名称，多数情况下都是他者中心用法，所以在亲属名称不存在这种用法的土耳其语母语者看来，日语的这种用法就显得不可理喻了。

但是，亲属用语的他者中心用法并不是只有日语才有，英语在一定范围内也有这种用法。例如,面对幼儿,母亲会将自己的丈夫(孩子的父亲)叫作"daddy/爸爸"。但是,这样的用语是儿语(baby talk),受到社会性区别对待,这一点与日语不同。

在前面的例子里,老妇人将抱着婴儿、看上去像她女儿的女子称作"妈妈",也不是直接从自己的立场出发来称呼对方(女儿),而是先将自己调整到与婴儿即自己外孙相同的立场上。从外孙的角度来看,老妇人的女儿是他的母亲,当然称她为妈妈。因此,现在把自己的立场转换为外孙的立场的老妇人也可以称呼这个人(自己的女儿)为妈妈。

日本的很多母亲把自己孩子中年长的叫作"哥哥"或"姐姐",这种习惯也具有完全相同的结构。在这种情境中,母亲也不是直接从自己的立场出发称呼对方,而是通过年幼孩子的立场间接地把握该如何称呼。年幼的孩子(弟弟或者妹妹)用包含哥哥或者姐姐概念的词称呼年长的孩子,因此母亲也称呼对方为"哥哥""姐姐"。

通过对这类例子的各种考察,我发现存在以下规则。

(一)在日本的家庭内,长辈直接招呼晚辈时,可以从家庭中年龄最小的成员的立场出发,使用该成员所用的亲属名称来称呼晚辈。

(二)在长辈与晚辈的对话中,长辈在提及比对方辈分高的人物时,不直接从自己的立场出发,而是从对方即晚辈的立场出发把握对该人物的称呼。

作为(二)的实际用例,我们来看看在圆地文子的《女人的路》里,女主人公白川伦在担任秘书的侄子面前,称呼自己丈夫为叔叔的场面。

"非常感谢。最近多亏你替我写,我轻松了许多。这样的文章作为女性的我是怎么也写不了的,**叔叔**(白川)又很厌烦这种麻烦事……"

而且无论在哪个家庭,父亲和孩子说话时,提到他自己的父亲,也就是孩子的祖父时，父亲不会说"爸爸"，而是从孩子的视角出发，称"爷爷"。

另一方面，这位父亲与长女谈论她弟弟（对于父亲自己来说是儿子）的时候，不能将对方（长女）作为原点，称他为"弟弟"，而必须站在作为父亲的自己的角度直接称呼他。但根据"亲属间的对话"一节中关于亲属名称原本用法的使用规则，他又不能把儿子称为"儿子"或"犬子"，所以最终只能用名字提及。

综上，我所说的亲属名称的第二虚构用法的最大特征是，长辈在与晚辈的对话中使用的亲属名称，最终是以家庭成员中年龄最小的人为基准的。年龄最小的人如何称呼这个被招呼或被提及的人，长辈便如何称呼他。

4　第二人称的"我"

如果明白了这个原则，那么就不难理解为什么最近年轻夫妇经常会用"ぼく"这个第一人称代词来称呼独生子或者小儿子，甚至把"ぼく"当作名字，使用"ぼくちゃん①"这个称呼。妈妈对孩子说"ぼく早くいらっしゃい/你快来""ぼくちゃんこれ欲しいんでしょう/你想要这个吧"时的心理结构，是先考虑了从家庭中年龄最小的人（这种情况下是孩子自身）的立场来看，怎么称呼他。孩子当然称自己为"ぼく"。于是，将自己放在孩子立场上的大人，也可以称他为"ぼく"。

在本节开头的例子中提到，在社会语境里，日本人经常称呼陌生的孩子为"哥哥""姐姐"等。这也是回避了直接从自己的立场出发称呼对方，而是先设想那个孩子有弟弟或妹妹，将自己与那个假定的人物进行了自我同一化，因此可以这么称呼。

如果对方是年幼的小男孩的话，甚至可以用刚才所说的"ぼく"。

①　接尾词"ちゃん"接在名字后面，用来称呼关系亲密的人。

在这种情况下，是将他认定为虚构家庭中年龄最小的人，从他自己的立场来看待他。于是，说话人将原本是自称词的"ぼく"这个自我中心词，作为他者中心的对称词来称呼对方。

说话人用词来称呼说话对象时，从不在场或者不知道是否存在的人物的视角出发来定位眼前对象的方式，在人类的语言活动中比一般人认为的要常见得多。

美国的社会学家霍曼斯和施耐德共著的论文[15]中写到，其中一位作者在郊外的新兴住宅区行走时遇到一个四岁左右的小男孩，因鞋带松开了而不知所措。就在那时，这个孩子抬头看着作者大声叫道"Somebody's Daddy! Please fix my shoelace! ／某人的爸爸！请帮我系鞋带！"两位作者的解释是，在这样的住宅区里，几乎所有的家庭都有几个孩子，所以孩子们一定会把附近的大人叫作"谁的爸爸（妈妈）"，即形成了以和自己玩耍的小伙伴为原点，间接称呼那个孩子的父亲或者母亲的习惯。

但是，因为来的是一位从未见过的大人，于是这个孩子首先在脑海中设定了作为原点的玩伴 x，然后用玩伴的父亲这个模式称呼他，所以用了"Somebody's Daddy"这个表达形式。

另外，有学者在南太平洋的加罗林群岛的特鲁克岛上发现了以下有趣的例子。[16]

在这个岛上，名为 A 的男子的第一个孩子，规定起名为 B，而 B 的第一个孩子规定叫 C。像这样，一定数量的名字像锁链一样连接起来，在数代之后又回到原来的名字。这在人类学中被称为循环命名（cycle names），可以理解为类似十二生肖的东西。

这个岛上的人们还有一种忌讳本名的习俗，称呼人的时候不叫本名。因此，A 总是被称为"B 的爸爸"，B 则被称为"C 的爸爸"。

对于还没有结婚的小孩子，也用完全相同的方法称呼。要说为什么，那是因为他们使用的是循环命名法，大家都知道他（她）成年后有了孩子的话，那孩子会叫什么名字。

也就是说，说话人是以还没有出生的人为基准，来称呼眼前对象的。

在东条操编写的《全国方言词典》（东京堂，1951 年）中，记载了"おじ/叔，伯，舅"一词的方言用法，表示"弟弟，长子之外的儿子"。关于"おば/姑，姨"也有"妹妹，长女之外的女儿"的记载。因为记述得过于简单，所以不清楚在什么情况下会这么用。根据我在千叶县安房郡的观察，亲属以外的人会说"某某是谁家的'叔叔'或'姑姑'"。我自己排行老三，所以在那里也遇到过有人称我"叔叔"。

我在这里提到"叔叔""姑姑"的方言用法，是因为其实这也可以用以不在眼前或还没有出生的人为基准，来称呼眼前对象的结构来解释。

也就是说，家里的长子按（旧宪法中的）规定是要继承家业的。在以宗家为中心的观点占强势地位的时代，某个家庭中长子之外的儿子、长女之外的女儿，（总有一天）会被长子的孩子们称呼为"叔叔""姑姑"。于是，说话人就把自己的视角调整为和长子的孩子们（即使还没有出生）一致，然后把眼前的对象称为"叔叔""姑姑"。

这种想法是否恰当，因为资料不够齐全所以无法判断。但是这种方言用法在日本的东北、关东地区比较多，似乎具有一定的合理性。

在设定不存在的人物这一点上，刚才所说的英语和特鲁克岛的例子，与日语的第二虚构用法是一致的。但是在亲属名称本身的用法上，两者之间有着明显的差异。

在英语的例子中，"daddy"这个词用"somebody's/某人的"来修饰，明确体现了表示父亲的这个亲属名称的原点并不是说话人（男孩）本人。这正好和土耳其母亲跟自己孩子谈论孩子的父亲（她的丈夫）时，一定会说"baban/你的父亲"是一样的。特鲁克岛人说的"B的爸爸"也是同样的结构。

与此相对，在日语里，说话人将自己放在虚构人物或不在场之人的立场上，完全从那个人物的视角出发观察说话对象，并直接称呼其为"哥哥"或"叔叔"等，而不需要指明"谁的"这一亲属用语的原点。在这一点上两者是不同的（参照图 12）。

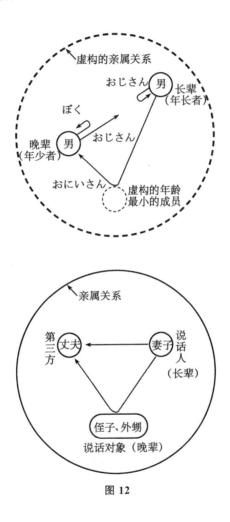

图 12

语言与行为方式

以上概述了在现代日语里人们是用什么词来称呼自己，以及用怎样的词来称呼对方的。

如此值得关注的社会语言学课题，却至今都未被详细记述和统一解释，一直遭到忽视。这恐怕是因为这一现象太过于贴近我们的生活、太浅显了。

但是我认为原因不止这个。为什么没有从这个视角去研究日语呢？那是因为被日本近代语言学尊为老师、视为模范的西方语言学缺乏这样的视角。也就是说，西欧语言学缺乏关注这个问题的必然性。因为西欧的语言里不存在这样的现象。

但是，如果尝试放下此前的态度，即只在日语中寻求与西方语言学一致或者近似的问题，来讨论彼此的异同，并且用对方的标准来考察日语现象的价值，就会发现，我们周围有那么多值得关注却疏于研究的问题。

比如，与用什么样的词称呼对方这一问题相关的一个现象：日本的父母和老师在训斥孩子的时候，会直呼其名，如"太郎！！止めなさい／太郎！！住手"。但是在英语中，如果训斥的人非常生气，那么就会连名带姓地说，[17] 如"George Franklin! Cut it out/乔治·富兰克林！停下"。有中间名的话，带上中间名一起说也很普遍。日本的父母在训斥自己孩子时，绝对不会说"山本太郎！！止めなさい／山本太郎！！住手"。这两者的区别究竟意味着什么呢？

另外，如果进一步思考如何称呼自己的问题，就会碰到日本人在自言自语的时候怎么称呼自己的问题。英语里经常用"you"来称呼自己，把自己当作第二人称来对待。[18] 而且在很多情况下，像下面的例子中这样，先说自己的名字。

Miss（Jane）Marple sighed，then admonished herself in words，though she did not speak those words aloud."Now，Jane，what are you suggesting or thinking?"/（简·）马普尔小姐叹了口气，然后告诫起自己，虽然她没有大声说出那些话。"现在，简，你到底在暗示或者想些什么?"

一个叫太郎的日本人会在自言自语时对自己说"太郎，你到底在想什么"吗?

这类问题的解答绝不简单，而且在欧洲的语法书和学术书中也找不到答案。因为只有从新的视角对日语和英语进行比较，才能发现问题所在。

问题并不是一直在那里，只有设定好视角后，问题才会出现。

虽然还可以指出很多值得关注的问题，但限于篇幅，我想在最后就日本人的自称词、对称词的特殊结构与日本人特有的行为方式、思考方式有着怎样的联系这个问题，提出一两个解释，作为本书的结尾。

1 重视具体的角色

可以认为，日语的自称词和对称词具有很强的表明并确认对话双方的具体角色的功能。

这里暂且把角色这一概念定义为具有特定资格或特征的人在社会语境中，一般会采取的特定行为方式。

例如，军人、教师、警察等职业的人，当然会采取其职业特有的行为，而且其他人也期待他们这么做。老人和孩子因为各种原因，有不同的行为方式，因此可以说角色不同。这样一想，就会发现社会上确实存在很多角色。

在各种角色中，有些相对来说是长期持续的，例如男女这类天生有别的角色。另外，还包括在有等级身份差别的社会里的身份、各种职业，以及家庭内部父母和孩子的相互关系等。

另一方面，也有各种持续时间相对较短的角色，例如售货员和客人的关系、乘坐同一辆电车的乘客之间的关系，以及说话人和说话对象的关系等。

如果将这种角色的概念运用到日本人如何称呼自己以及对象（对方）的分析中的话，日语与其他语言，特别是与欧洲各国语言的结构上的差异就会变得很清晰。

如上文所述，在拉丁语和英语里，说话人首先用第一人称代词来表示自己，然后用第二人称代词来称呼对方。然而，随着对话的进行，方才的对方开始开口说话，就变成他使用第一人称代词，而之前说话的那个人当然就变成了说话对象，即第二人称。

第一人称代词原本就是使用者用以表明现在的说话人是自己的词，即用词来明确说话人的角色。而用第二人称代词称呼对方的行为，是在表明现在的说话对象是对方，即赋予对方说话对象的角色。如果这样来看待第一、第二人称代词，就能顺理成章地理解上面讲的第一人称代词和第二人称代词的交替。

拉丁语和英语的第一、第二人称代词与说话人和说话对象各自具有的具体性质（地位、年龄、性别等）完全无关，它们的功能只是表明对话这一语言活动中的两个抽象角色，即主动行为者和被动行为者。

这就像在戏剧里，演员为了展示自己扮演的角色而戴在脸上的面具，转变角色只需要换个面具。在欧洲语言里，人称代词之所以被称为"personal pronoun"，是因为"persona"原指古典戏剧中使用的面具，人称代词正具有这样的性质。

从拉丁语的"ego↔tu"、英语的"I↔you"的交替中所见的语言人际关系，是互相对称的（symmetrical）。法语、德语等很多欧洲语言到了近代，因为第二人称包含两种人称代词，所以或多或少与刚才所述原型的情况有所出入,但是人称代词本质上具有上面所说的性质。

那么,从这种角色的观点来看日语的对话,能得出什么结论呢?还是以父子对话为例吧。一般来说,父亲和儿子说话的时候,会称自己为"爸爸",对儿子则称呼"你"或者直呼名字。儿子可以称呼父亲"爸爸",但是不能用代词或直呼父亲的名字。另外,儿子称呼自己"我",偶尔也会用自己的名字自称。

由此可见,日语对话中自称词和对称词的用法,原则上是不对称的(asymmetrical)。

父亲称呼自己为"爸爸",可以说是用语言确认了自己对对方(儿子)来说是父亲这一角色。同时,这也间接蕴含了赋予对方"我的孩子"这个从属性角色的意思。之所以这么说,是因为父亲这个概念是与孩子(儿子、女儿)这个概念配对成立的,父亲只有在面对自己孩子的时候,才可以称呼自己为父亲。

同样,儿子称呼父亲"爸爸"的行为,也可以认为包含了双重角色确认。其一是直接明确地赋予并确认说话对象父亲的角色,其二是通过称呼对方(父亲)"爸爸",间接表明自己做好了承担"对方的儿子"这一角色的准备。为什么这么说呢?因为能称一个人为爸爸的只有那个人的孩子,所以叫爸爸这个行为,就表明了自己是对方的孩子。

此外,在这两个人的对话中,父亲对儿子直呼其名,也表明了他对对方(儿子)来说,是地位更高的角色。同样,只有父亲可以用人称代词称呼对方,也进一步确认了他的高位者角色。图13展示了这种关系。

总之,父亲和儿子说话的时候,父亲通过四种语言手段——三种直接明示的手段和一种间接暗示的手段——对自己的角色(高位者的角色)不断进行确认。另一方面,儿子也通过四种语言手段——两种直接手段和两种间接手段——对自己的低位者角色进行确认。因此,在这两个人的对话中,使用了八种不同的手段,来相互确认以及赋予角色(图13A)。

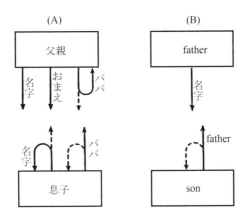

虚线箭头表示间接暗示性地确认（赋予）角色
实线箭头表示直接明示性地确认（赋予）角色

图 13

　　当然，这两个人之间的自称词、对称词并不局限于这些。这里只是为了方便说明，举出了与确认角色直接相关的词。

　　那么，同样的父子对话，在使用英语的群体中又是什么情况呢？与日语不同，大部分场合，英语对话如前所述，是以交替使用对称的"I↔you"的方式进行的，所以在确认父子角色这一点上，只涉及下面的手段：只有父亲可以直呼儿子的名字，儿子称呼父亲"father（daddy、dad）"等（图 13B）。

　　儿子通过称父亲为"father"进行的角色确认，与日语完全相同，也具有直接和间接两层意思。但是，与日语不同的是，在一些较特殊的情况下，父亲会称儿子为"son（sonny）"。这种称呼是在父亲强烈感受到父子一体感的时候，或是觉得儿子异常可爱的时候使用的。不过，与儿子把父亲叫作"father"这种普遍用法相比，父亲称儿子为"son（sonny）"是一种局限性很大的用法。只有父亲可以直呼儿子名字这一点，也与日语完全一样，是在明确直接地确认父亲的高位者角色。

综合以上的分析,英语社会的父子之间,一般有三种语言手段来确认相互的角色,儿子一方有直接确认、间接确认两种,父亲一方有一种直接确认手段。在极为特殊的情况下,父亲会叫儿子"son",再增加两种。

将上述情况与经常用八种语言手段进行角色确认的日语对比,就能理解日本人在日常的人际关系中有多么重视角色的高低了。

当然,角色的赋予和确认也会通过词之外的方式进行,因此不能立即将语言上的差异与整个社会生活中对彼此角色的思考方式的不同关联在一起。但是,语言这一行为与其他行为相比,具有很强的分节性、明示性特征,所以每次进行人际交往活动时,是不断地用语言确认角色还是不那么做,两种方式之间有相当大的差异。西欧语言在展开对话时通常只明确表示出抽象的说话人角色与说话对象角色,与此相对,日语中所有的自称词、对称词都与基于人际关系的上下两极的具体角色的确认相关。[19]

2 角色的固定化与一元化

我们人类所拥有的各种特征和资格,大致可以分为两类。一类是像年龄、性别、等级社会中的身份这样先天的特征和资格,当事人不能根据自身意志进行选择,是被赋予的。另一类是靠自己的能力获得的,是与当事人出于自身意志的选择有关的。在人际关系领域,血缘关系是先天的,而由约定和契约结成的关系是后天获得的。

然而,文化和社会结构不同,人们对这两种资格中的哪一种更有价值的认识也会不同。至今仍存在终身雇用、论资排辈、男尊女卑倾向的日本社会,认为先天资格更有价值。日本也经常被拿来与像美国那样认为个人能力、职业以及贫富差距都是后天获得的社会进行对比。

但是,所谓先天与后天获得的东西,除了性别、年龄等具有客观性的特征外,实际上有不少是特定社会中的人们解释的结果。也就是说,应该将某个人的特征、状态纳入哪一方,如果不做实际调查,是无法判断的。

因此,接下来我将用两三个语言事实来考察日本人是更重视与先天特征相关的角色,还是更重视后天获得的角色。

当今日本,夫妻之间互相称呼对方爸爸、妈妈的情况占压倒性多数。但是,有很多夫妻新婚时是互相叫对方名字的。特别是丈夫用名字称呼妻子、妻子用"你"这样的代词称呼丈夫的情况非常普遍。然而,这样的夫妻一旦生了孩子,相互之间的称呼立刻就变成了爸爸、妈妈。这个现象应该如何解释呢?

结婚成为夫妻的男女可以认为进入了一种基于契约的关系。因为丈夫的角色和妻子的角色是双方选择的角色,所以一般是需要有意识地去扮演的。因此,在孩子出生之前,夫妻之间的婚姻状态,是一种隐含着类似紧张的不稳定性的关系。

但是一旦孩子出生,丈夫就成了孩子的父亲,妻子则成了孩子的母亲。这个父亲和母亲的角色不是自主选择、扮演的角色,而是被赋予的角色。一旦成为某人的父亲或母亲,就不能凭自己的意志解除这种关系。父母和子女的关系,至少对日本人来说,不存在基于意志的选择性,所以一般认为其稳定程度高于夫妻关系。因此,夫妻将彼此之间迄今为止的横向关系重新调整为以共同的孩子为基准的纵向关系,即同一个孩子的父亲和母亲这一被赋予的关系,由此进入持久的稳定状态。是否可以认为夫妻间的称呼变成包含父亲、母亲概念的词反映了这种心理变化呢?

如果这个解释正确的话,那么日本的夫妻比起扮演对方的丈夫或妻子的角色,更多的应该是在扮演孩子的父亲、母亲的角色。事实上,和美国的夫妻相比,日本的已婚男女,比起扮演丈夫和妻子,确实更多的是在扮演父亲和母亲。

在美国社会,比起被赋予的、不是根据自我意志选择的角色,他们更注重自己选择的角色。在夫妻关系中，丈夫是纯粹的丈夫，妻子是纯粹的妻子，简直会令日本人惊讶。

他们的婚姻始于交换戒指这一相互约束的象征，为了维系夫妻关系，他们一刻不松懈地付出巨大的努力。经常交换表达爱意的话语，在生日、结婚纪念日赠送礼物，这些正是为了再次确认和强化婚姻这一契约状态的仪式（ritual）。因此，如果忘记进行这种明确表达爱意的行为，或者频度降低的话，那就直接意味着婚姻关系破灭。

日本的夫妻几乎不会明确表达爱意，也没有在社会中定型的、像英语的"honey/甜心""darling/亲爱的"这种社会人类学者所说的甜言蜜语（saccharine term）。对于日本人来说，婚姻状态并不是需要不断确认相互间的爱意并维持下去的、动态的、直接的、契约性的人际关系，而是借由理论上不可能否定或消除的亲子关系这一静态不变的关系存在的、被赋予的人际关系。

关于角色还有一个值得关注的日本人特有的行为方式。那就是日本人非常讨厌和互不相容的、有时会要求我们采取相反行动的、拥有不同资格的两个或多个人同时保持联系。这和后面要叙述的对象（对方）依赖型的自我规定有很密切的关系。

在日本的大学学潮闹得最厉害的时候，我们大学教师中也出现了一种反省的氛围，研究方面暂且不谈，主要是要寻找教育方面的改良、改善方法。

我当时提出了一个解决办法：大学教师可以相互听课。我给出的明面上的理由是，无论是教学方面还是知识方面，大学教师往往容易成为土霸王，容易夜郎自大，听同事讲课会有很多收获；对授课一方来说，请同事列席自己的课堂，也正好可以让别人看看自己的能耐。

然而，对于这个提议，却出现了颇有意思的反对意见：我们教师在教室里是站在教育学生的角度讲课的，如果同事和前辈前来听课的话，就会情不自禁地想要展示自己，就会变成专业的研究成果汇报会,不利于教育。

在美国和加拿大的大学里,如果有同事或前辈提出要听课的话,教授们都会认为是一件光荣的事情而感到高兴。对于常常经历这种事情的我来说,在这里再次感受到了文化的差异。

一般来说,北美人不管是同事还是前辈,既然对方是来听课的,就会把他当作学生来对待,既会向听课的人提出问题,如果是讨论课的话,也会点名让他做与学生同样的事情。他们不会把教室外的社会地位和人际关系带入教室内,而是很自然地变为教学者和学习者的契约关系。

被当作学生对待的教授们,也会毫不客气地提问、参加讨论。在日本就不是这样。简单来说,有人来听课的话,这课就难上了。

不只是同事和前辈。在日本,即便是自己的孩子或妻子这样的家庭成员来听课,这课也会上不下去。甚至常有教师因为自己的孩子作为学生在教室里听课而觉得别扭,提出让其他同事来任课。

在美国,别说孩子了,妻子作为学生上丈夫的课的情况也并不少见。如果是日本人的话,会说那也太难为情了,这课没法儿上。对日本人来说,在前辈与后辈、同事、亲子夫妻等关系中,对彼此角色的期待是固定的,很难根据时间和场合,转换成不同的角色。

A 和 B 是丈夫和妻子的情况下,AB 这对人际关系很难转换成教师与学生的关系。同样的道理,在学生中混杂着前辈教授的话,教师的身份就会变得不稳定。他相对于前辈的角色和自我规定,会与他相对于其他学生的角色和自我规定发生冲突。语言上也会出现不知道应该自称"僕①"还是"私②"这样的问题。

如果妻子是学生中的一员,事情就更复杂了。一般来说,日本的夫妻关系私密性很强。夫妻在公共场合会尽可能采取淡然、近乎不

---

① 男性自称。一般对地位相等或地位比自己低的人使用。

② 第一人称代词。最普通的说法。

相干的态度也是出于这个原因。所以直到现在也有很多人极端讨厌妻子突然到工作单位来或者打电话来。自己和妻子的关系，与自己和工作单位的同事之间的关系是不相容的，是另一个层面上的关系。也就是说，日本人与特定人物的人际关系，本质上是二项性的、固定的关系。

与此相对，美国人的人际关系有强烈的多项性、流动性特征。正因为如此，丈夫和妻子有时是学生和教师，有时是朋友，有时甚至是竞争对手。

美国的研究生在取得博士学位后不久，即使是对以前教过自己的教授，也会直呼其名。因为在美国，同事（colleague）这一概念被认为是超越前辈后辈、学识年龄差异的平等的资格。

相比之下，我大学毕业已经二十多年了，但即便是现在，对曾经教过我的教授也只能称老师。像这样，日本人的特定人际关系，根据角色固定化，很难因场景和时间而发生变化。我认为这与语言上的相互规定具有过于具体的结构不无关系。

3　依赖对象（对方）的自我规定

类似"私""僕"这种说话人用于自称的词，细想一下，可以说是说话人在语言这一坐标系内部表明自身位置的行为，即用语言进行的自我规定。

在印欧语系的语言和土耳其语、阿拉伯语等语言中，说话人称呼自己的词，即自称词，实际上几乎只限于第一人称代词。第一人称代词的作用，简单来说就是用词来明确表示自己是说话人。用词来表明现在正在说话的不是别人，而是我，除此之外没有给出任何与说话人有关的信息。这就是在拉丁语对话中说"ego"，在英语对话中说"I"等语言行为代表的意思。

这种类型的自称行为的特征是，说话人在语言上的自我规定与对方及周围的情况没有关系，是自发独立地进行的。也就是说对方不存在也没关系。不仅如此，应该说在认知到对方的存在之前，就已经通过语言进行了自我认知。

之所以这么说，是因为说话人先在语言上确认了自己是主动的语言行为者，即确定了"ego(I)"，然后才将与"ego"对立的对象，即说话对象认知为被动的语言行为者，用语言表示为"tu(you)"。从认知顺序来说，应该是 ego→tu(英语是 I→you)。

然而，在日语里，从前文所述的自称词的结构来看，这个顺序恰恰是相反的。

比如说，试想一下在家里称自己为爸爸的人。他要在语言上规定自己是爸爸，首先必须有孩子，其次要认识到面前的说话对象是那个孩子。只有把他自己的立场调整到眼前这个孩子的立场上，他才能将自己规定为爸爸。他对其他人来说，并不是爸爸。因此在这种情况下，他是从特定的对象出发用语言来规定自己的。

如上面的例子所示，与欧洲诸语等的情况不同，日语的对象(对方)规定是先于自我规定的。小学老师只有在面对学生的时候，才能称自己为老师，也是完全相同的结构。另外，在虚构用法中，与陌生的孩子对话时，我们把自己称为"姐姐""叔叔"等，也是考虑了从对方的角度看自己，自己相当于他的什么人。

印欧语系的语言等，不管对方是谁，不管对方在不在，首先将自己规定为说话人，即主动的语言使用者，这是一种绝对的自我规定。与此相对，日本人用日语进行的自我规定，则具有相对性、对象依赖性特征，根据就是上面所说的。

这个结论甚至适用于日本人用所谓第一人称代词作为自称词的情况。例如，日本的成年男子在不同的场合，根据不同的对象，区别使用"私"和"僕"、"僕"和"俺"等。一般认为这种区别使用反映了说话人和说话对象之间的权力差距、亲疏程度等。但既然这也是视特定的对象决定的，那么这同样是对象依赖型的语言上的自我规定。

　　这么分析下来,可以认为日本人的自我,在特定的具体对象出现、说话人确定其身份之前,是处于未确定坐标的、开放的、不稳定的状态中的。

　　日语这种依赖对象的自我规定的结构,与日本人不喜欢和陌生人随意交谈的行为方式不无关系。不知道对方的真实身份,意味着无法确定自己与对方的关系。因此,说话人的自我一直处于悬而未决的不稳定状态,很难建立起稳定的人际关系。

　　对于日本人来说,最难以判断对方真实身份的,莫过于外国人。我们在典型的单一民族社会中长大,因此乍看到外国人,没有能力抓住线索,获取判断对方身份所需的信息。于是,我们一看到红发碧眼的人就会因受到冲击而产生拒绝反应,识别对方身份的功能随即陷入瘫痪状态。

　　长期旅居东京的比利时神父贺登崧的日语很好,同时他也是位语言学家。他曾出版过一本极有启发意义的书《误译》[20]。书中写到一件事:在每天经过的附近的面包店,他说"请给我一斤①面包",对方能够听懂,但在银座的面包店,尽管用同样的发音说同样的话,但有时候对方却听不懂。

　　要是去了很偏远的乡下,因为相貌与日本人不同,更是一点儿都说不通,对方会在他面前边挥手边反复说:"我不懂英语。"

　　普通日本人在面对外国人时,会产生也许可以称之为困惑的心理波动。关于这一现象,前几天《语言生活》杂志上刊登了一篇很有意思的报道。[21]

　　日本国立国语研究所的高田诚针对东京街头行人的英语水平做了一个调查。他和日本大学的讲师 T·E·休伯先生一起行走于东京的大街小巷,休伯先生用英语向过路的人询问事先准备好的几个简单问题,高田先生则在旁边佯装不知情,进行观察记录。

---

①　主食面包的单位,一般为 350～400g。

他们在本乡、银座以及新宿三个地方,询问了 60 人左右,结果只有极少数人能勉强"对话"。

暂且不论这个结果如何,我觉得非常有意思的,是结论部分高田先生关于人们应对美国人休伯的态度的论述。

"……整体而言,先不论若无其事地一走了之的人,我希望停下来回答问题的人能多展现一点'堂堂正正'的态度。总觉得他们有种畏缩的感觉。不会说英语这件事并不会影响一个人的人格,所以没必要偷偷溜走、奇怪地耸肩或者嗤笑,完全可以直视对方。我在一旁观察(这些人的举止),着急得不行。"

高田在这里提到的奇怪地耸肩、嗤笑、偷偷溜走等行为,正是动物习性学中所说的替换活动的一种,是努力摆脱心理上的不稳定状态的表现。

对象依赖型的自我规定如果换一种说法的话,就是进行观察的自我的立场和被观察的对象的立场不仅没有严格区分,两者甚至同化了。经常被用来与日本文化进行对比的西欧文化,是以观察者和对象的区别,即自我和他者的对立为基础的,而日本文化、日本人的心境,则经常被指出具有强烈的将自己融入对象中,试图超越自我和他人区别的倾向。可以说日语结构中的一些要素能够证实这一点。

日本人大多不擅长在考虑对方的心情和别人的想法之前,先表明自己的主张,即自己是怎么想的。日本人擅长的反而是以对方的态度、他人的意见为基准,在此基础上协调自己的想法这种先人后己的方式。

不仅如此,还有不少情况是在对方还没有用语言明确表达自己的意见或愿望时,就抢先察觉到对方的想法,并调整自己的行为。"察しが良い/通晓人情""気がきく/机灵乖巧""思いやりがある/善于体谅对方"等都是褒义之词,而且很难直接译成欧洲语言,从这当

中也可以看出日本人甚至将与对象的自我同化视为美德。

另外，"親切の押し売り/强加于人的好意""有難迷惑/添麻烦的好意""人の気も知らないで、いい気なものだ/不懂别人的心情，还沾沾自喜"等词句，如果不是在这样一个日常生活中普遍预先读取对方的心情和期待的社会中，就没有意义了。称日本文化为"体察文化"或"体谅文化"，正好说到了点子上。因为让自己和对方保持一致、与对方有相同的感受很重要，所以对立的个体之间用语言交换意见，并调节两者的利害关系这一语言的功能被极度压制了。日本人的这种沟通方式弄得不好的话，就会从揣摩、忖度对方的心情，最终变成"他人の疝気を気に病む/杞人忧天"。相反，也有可能提高到"相客にこころせよ/关怀、体谅同席者"这一茶道哲学的高度。

对象同化的心理结构，是主动认可超越自我和他者区别的价值，因此，这又与精神病理学者土居健郎提出的世上罕见的"依赖"的精神风土联系起来了。像这样的个人和个人融合的现象之所以能实现，是因为太过于同质化的文化、民族、宗教，这点已经有很多学者指出过了，在这里就不再深入讨论了。

但是我最后想补充的是，日本人在国内和日本人交往的话，不管是依赖别人还是与对象同化，都能有效发挥作用，所以没有问题。但是一旦和日本人之外的人接触的话，这个日本的特性就失去了效果。

习惯于与对方同化、依赖别人的日本人，不知不觉中就把自己投射到对方身上，依靠对方，并且期待对方也会和自己同化。

日本人尚没有理解，除非对方是日本人，否则不坦率地表达出强烈的自我主张，对方就不可能了解自己。而且，如前所述，日本人不擅于在确定对方的身份之前，就确立自己的意见或主张。因此，日本的对外谈判在外交、政治、经济等各个方面都慢人一步。因为日本人在把握大局之前，无法确立自己的定位。

日本人不擅长外语，因此不管是在国际会议还是研讨会上，虽有实力，却总输人一筹。个中原因，与其说是语言能力不足，不如说问题在于日本人用语言充分表现自己的意愿很弱,而且自我主张也很弱,不擅长抛开对方的主张、情绪,表达自己的想法。[22]

注释:

1. 鈴木孝夫「言語と社会」『岩波講座哲学』第十一巻第九章、岩波書店、1968 年。鈴木孝夫「日本語の自称詞」*Energy* 第十七号、エッソ・スタンダード石油株式会社、1968 年。鈴木孝夫「自分および相手を指すことば——言語社会学の一課題」『学術月報』第二十三巻第十二号、日本学術振興会、1971 年。

2. 鈴木孝夫「親族名称による英語の自己表現と呼称——文学作品に表われた用例を中心とする予備調査」『慶應義塾大学言語文化研究所紀要』第一号、1970 年。

3. 对称词可以理解为表示说话对象的词。请参阅下面的注释 4。

4. 自称、对称、他称等术语在日本国语语法中很早就被使用了。但是大部分情况下是第一人称、第二人称、第三人称的别称,并非此处所说的广义上的意思。

5. 佐久間鼎「言語における水準転移(特に日本語における人代名詞の変遷について)」、1937 年。此处转引自重新刊载了该文的『日本語の言語理論』、厚生閣、1959 年。

6. 辻村敏樹「貴様の変遷」、1953 年。此处转引自重新刊载了该文的『敬語の史的研究』、東京堂、1968 年。

7. 参照 J.L. Fischer，"Words for Self and Others in Some Japanese Families" *American Anthropologist*，vol.66，No.6，Part 2，1964.

注釈 1 中的鈴木孝夫「言語と社会」。在渡辺友左『社会の関係についての基礎的研究(2)』(国立国語研究所、第二部分「日本人の親族呼称についての事例研究(1)」

中,详细报告了福岛县伊达郡保原町的作家渡边治的亲属名称的用法,其中叙述的各项原则,都证明了我在「言語と社会」中阐明的规则的正确性。

9. 与"生徒"相近的词"学生"可以用"学生さん"来称呼对方。这是因为没有与该概念成对的词,因此"学生"被认为是一种职业(资格)的名称。

10. 在英语里也有个很有意思的现象:医生、护士和老师等在称呼对方时,实际上不用"you"而用"we"。当认为自己是对方的监护人,处于这样一种心理优势立场上时,会使用这种用法。关于这一点,参照鈴木孝夫「言語における人称の概念について」『慶應義塾大学言語文化研究所紀要』第二号、1971 年。

11. 关于这个问题的一个解释,发表于鈴木孝夫「トルコ語の親族用語に関する二、三の覚え書」『言語研究』第五十一号、1967 年。

12. 这个术语最早见于 Bertrand Russell, *An Inquiry into Meaning and Truth*, 1940.

13. 参照注释 11 的文献。

14. Suzuki, Takao, "On the Notion of Teknonymy" *Studies in Descriptive and Applied Linguistics*, *Bulletin of the Summer Institute in Linguistics*, vol. IV, 1967, International Christian University, Tokyo.

15. David M. Schneider and George C. Homans, "Kinship Terminology and the American Kinship System"*American Anthropologist*, 1955, vol. 57, pp. 1194 - 1208.

16. W. H. Goodenough, "Personal Names and Modes of Address" in *Context and Meaning in Cultural Anthropology*, ed. by M. Spiro, New York and London, 1965.

17. 参照注释 2 中的鈴木孝夫「親族名称による英語の自己表現と呼称」。

18. 参照注释 10 中的鈴木孝夫「言語における人称の概念について」。

19. 近年来，"おたく"这个词作为第二人称代词被使用。这是说话人在没有必要用上下级关系的维度来定位对方，也就是说，在想要使用没有上下级关系色彩的代词时使用的。

20. W・A・グロータース／柴田武『誤訳』、三省堂新書 4、1967 年。

21. 高田誠"Can you speak English?"『言語生活』第二五六号、筑摩書房、1973 年。

22. 角色的一元化和固定化以及依赖对方的自我规定这部分内容，发表于鈴木孝夫「日本人の言語意識と行動様式」『思想』第五七二号(1972 年第二号)、岩波書店。

后　记

　　本书所涉及的问题主要是我在过去的十几年里，在庆应义塾大学、东京大学、埼玉大学、学习院大学、青山学院大学、冲绳大学、东北大学以及美国伊利诺伊大学，面向语言学、人类学、日语及日本文学、英语及英国文学、社会学等各种专业的学生讲课，以及与他们共同讨论的话题。

　　另外，这些内容中的大部分，或来自研讨会论文集中的论文，或来自发表在杂志上的随笔，相关出处在各章的末尾都做了注释。

　　需要补充的是，我在这本书中，在小型书籍允许的范围内，尽可能再现了我的授课方式和论述方式，所以原论文中包含的详细论证和具体过程都省略了。

　　对于习惯于撰写论文，而不怎么写书的我来说，写这本书让我痛感通俗易懂地书写是何等艰难的一件事，有时还会感到一种难以言喻的不安。从我开始写这本小书已经过了八个月了，中途不知道多少次产生过放弃的念头。

　　素材足够充分，资料也一应俱全。尽管如此，一旦开始动笔，连我自己也清楚地知道笔下的文章是没有生命的。至于为什么会变成这样，我百思不得其解。有一天，我突然醒悟了，这是因为我的眼前没有听众。

　　我有一个习惯，喜欢把读过的书、想到的事，毫无顾忌地向接下来遇到的第一个人述说。在交谈的过程中，根据对方的反应，我的想法会一个接一个地出现。无论是家人，还是大学的同事，只要被我抓住,我就会喋喋不休地和对方说我现在在想什么,让人受不了。写书的时候,则完全没有这种反馈。

虽然有些晚了,但我终于领悟到,所谓通俗平易地写,不单是简明易懂地讲解,而且要将读者的心理动态时刻放在心上。

注意到这个问题后,我几乎将所有的内容都轻松地重新写了一遍。虽然结果是好是坏并不由我决定,但如果这本小书帮助读者们提高了对语言的兴趣,那完全要归功于长期以来听我唠叨、做我听众的同事好友们。